中国资本市场论坛

2020

程　前◎主编

中国财富出版社有限公司

图书在版编目（CIP）数据

中国资本市场论坛．2020／程前主编．—北京：中国财富出版社有限公司，2020.6

ISBN 978-7-5047-7184-1

Ⅰ.①中… Ⅱ.①程… Ⅲ.①资本市场—研究—中国—2020 Ⅳ.①F832.5

中国版本图书馆CIP数据核字（2020）第112043号

策划编辑	杜　亮	**责任编辑**	张冬梅　郭　莹	**特约审稿**	宋忆非
责任印制	尚立业	**责任校对**	卓闪闪	**责任发行**	白　昕

出版发行	中国财富出版社有限公司		
社　　址	北京市丰台区南四环西路188号5区20楼	**邮政编码**	100070
电　　话	010-52227588转2098（发行部）		010-52227588转321（总编室）
	010-52227588转100（读者服务部）		010-52227588转305（质检部）
网　　址	http：//www.cfpress.com.cn	**排　　版**	宝蕾元
经　　销	新华书店	**印　　刷**	北京九州迅驰传媒文化有限公司
书　　号	ISBN 978-7-5047-7184-1/F·3167		
开　　本	710mm×1000mm　1/16	**版　　次**	2020年6月第1版
印　　张	16	**印　　次**	2020年6月第1次印刷
字　　数	158千字	**定　　价**	68.00元

谨以此书献给我热爱的并为之努力奋斗了二十年的投资银行事业，以及一路上支持我、陪着我的每一个人！

2020 年 6 月 30 日

序1

转眼之间，中国资本市场论坛举办了十年。

历十年而志不渝。中国资本市场论坛已当之无愧地成为民间最具影响力的金融论坛之一。真心感谢程总，她作为中国资本市场论坛的发起人和召集人，在这如洪水奔流的十年里，一次次地向资本市场工作参与者分享难以遍数、弥足珍贵的工作技能、从业经验乃至人生智慧。我想每一个参与者都受益良多。

有幸成为程总的工作搭档，这真是一件让我特别自豪的事。我想，在未来若干年，当我回望自己曾经做过的事情之时，这坚持了十年的中国资本市场论坛一定是我记忆中最骄傲的亮点，这也见证了所有参与者共同的精彩经历和完美的创造！

中国证券市场波澜壮阔地发展着，而这十年无疑是充满变化和最具探索意义的十年。融资功能作为证券市场最基础的功能，无疑是市场经济进行资源配置的主要机制；而作为个体的上市公司的融资行为，又可谓其成长过程中的“惊险一跳”，战略意义不言而喻。于宏观，于微观，股票发行之成败都事关重大。如何使上市公司的融资获得投资人的战略信任，如何获得公允的股票价格，如何构建针对性的股票销售渠道，如何实现融资成本的最小化……凡此种种，皆属资本市场工作者的职责范畴。这个市场，瞬息万变，总给人如履薄冰之感，永远在考验着我们的真功夫。

中国资本市场论坛，便成了一个资本市场工作者分享和养成真功夫的平台。每一年，因程总的召集，数百位资本市场工作者相聚一起，以最真诚之心、最真实之事、最真挚之情，共话经历，共言得失，共享创新，共担责任。思想，是市场中最具价值的基础元素，因思想的碰撞、流动和共享，便生发出中国资本市场创新发展的巨大动能，此善莫大焉。

中国资本市场论坛，也成了资本市场工作者培养人才和友谊的平台。资本市场的发展需要源源不断的人才供应，人才的培养需要土壤，而中国资本市场论坛成为“老人”和“新人”之间传帮带的桥梁、友谊生长的沃土，一位位新人在论坛里汲取养分、脱颖而出，年轻的他们正在成为中国资本市场的中坚力量，此善莫大焉。

中国资本市场论坛，还成了更大范围内相关人士的知识平台。在一年一度的论坛之后，程总精心编写当年度的《中国资本市场论坛》，作为会议思想的总结和沉淀，以飨读者，惠及更多致力于专业提升的市场参与者以及致力于制度建设的管理者，此善莫大焉。

十年，不易。

以此序致程总，致所有参与中国资本市场论坛工作的伙伴们。

以此书致光阴，致所有中国资本市场发展过程里的欣喜和振奋。

连春晖

2020 年 4 月

连春晖 浙江大学经济学硕士，长江商学院 EMBA。现任多家投资机构和创业企业的常年战略顾问，在股权投资、公司战略和公司运营等领域具备丰富经验。曾任上海证券交易所信息披露专家委员、深圳证券交易所中小企业改制上市专家委员、中国上市公司协会投资者关系专家委员。曾创立国内最大的金融公关咨询服务机构，在上市公司市值管理、投资者关系管理等领域的理论研究方面颇有成就，实践经历丰富。

序 2

时光仿若昨日，然而转眼之间，自我于 2006 年年中搬到北京为瑞银集团组建中国的合资证券公司起，匆匆已过十四载。那段时间也恰是瑞银集团刚对处于财务困境中的北京证券有限责任公司（简称北京证券）完成股权入资，当时我作为瑞银中国股票资本市场主管，和时任中国区主管的赵驹先生一起，同其他来自股票和固定收益部门的投行同事，私人银行、资产管理和运营业务线的同事们，以新命名的瑞银证券有限责任公司（简称瑞银证券）开启国内投资银行业务。

我和赵驹先生要做的首要事情之一，就是从原北京证券团队中挑选出我们认为必须留下的优秀人选，这就是我与程前的初次相识。当时她负责综合市场部①，也就是现在所说的资本市场部。我对程前的第一印象便是她的谦逊上进、彬彬有礼、条理清晰并且充满自信。她在描述部门职责、部门就股票发行（包括首发上

① 北京证券时期的综合市场部，是投资银行总部内的一个部门。

市）所需要做的工作时，语气镇定自若，措辞有礼有节。当时我就决定，她就是能和我共事的极佳的优秀人选。

程前和她协助我在北京金融街英蓝国际组建的团队，使我在国内资本市场拥有了很多难忘的人生经历。我们一起经历了国内监管政策的出台试行和变化，也共同完成了在A股市场上史无前例的里程碑式交易。2007年IPO（Initial Public Offering，首次公开发行）市场重启时，鼓励部分在海外上市的大型国有企业回归A股。我仍然记得我们一起完成西部矿业、中国石油、中海集运的IPO以及中国中铁的A+H股IPO等项目的那些日子，昨日种种，历历在目。

由于我当时已经在为中国证券监督管理委员会（简称证监会）提供各类国际资本市场的市场定价和发售相关课题的咨询意见并做讲演，同时在筹备瑞银集团国内合资券商的2~3年事前准备工作中学到了很多东西，我在来北京之前对各种国内的股权项目，如IPO、定增、再融资等的发行环节中的关键差别均已熟悉。然而，在我真正开始对交易进行实际操作并与证监会进行密切合作后，我才逐步了解中国A股市场的真实情况及其背后的逻辑，以及在不同的文化、历史因素及管理哲学的作用下形成的国内法规、投资者行为与我所习惯的资本市场之间的巨大差异。

我仍然清楚地记得，当时大家建议我住在北京西边（而不是多数外国人通常居住的东边），因为我必须经常去证监会。我当时住的地方离证监会大约只有500米，也正如预料的那样，我时常早上第一站便是匆匆赶到证监会报到，也多次被临时召集赶去证监会开会，而这些都是当年程前和我共同在一线的宝贵奋斗经历。

我来国内的时候是A股IPO重启的时候，也正是A股股权分置改革全面铺开之后。当时证监会与我们这些国际大型投资银行进行了长时间的咨询沟通之后，启用了针对机构投资者的窗口指导P/E（市盈率）倍数上限的询价机制。这对我们这些习惯了完全基于市场定价和几乎没有强制规则的资本市场的人来说，基于证监会指定的有限询价对象提供的数据，为我们执行的大型IPO项目进行可比对象和估值分析，来说服证监会定价的合理性，是多么有意思的经历。我仍然记得当时和证监会发行部开的很多会议，尤其是为上一本书作序的庄奇女士。那段时间，以研究驱动的预售被逐步引入A股资本市场，整个过程变得更加科学，而随着时间的推移，这个过程又变得更加完善。

我仍然记得我和程前以及团队一起为IPO项目筹备簿记现场的场景，需要为即将接收大量来自投资者的申购份额传真进行准备工作，包括布置传真机等。虽然我已经在中国香港、新加坡、美国纽约等各种国际交易所做过许多大型交易，但用传真进行簿记对我来说是一个新的经历。对于一家新核准设立的国际合资券商而言，外界已经对我们有格外高的期望，加之我们筹备的很多都是史无前例的大型 IPO 项目，要求我们对簿记的各个环节仔细协调把控，不允许出现任何的差错，因此，当时工作的挑战性对我来说也是前所未有的。这段宝贵的工作经历也成为我后来记忆深刻的独特回忆。

我还记得在启动个人投资者网上申购的时候，我主持国内的线上新闻发布会并发表开幕演讲。我记得那些在交易所敲钟的激动人心的早晨，看着这些历史上规模最大的 IPO 项目开始交易。我记得当时看着中国石油的股价在几分钟之内便从定价 16.7 元上升至 48 元时，我一边盯着股价，一边和当时瑞银集团亚洲区投行主管 Robert Rankin 发信息，“……还在上涨……我的天哪，交易价已经到 48 元了，就是超过 1 万亿美元的市值，这是全世界最大的公司了，已经超过埃克森美孚和其他公司了……”这就是为什么当苹果的市值超过 1 万亿美元时，很多人说这是第一家市值超过 1 万亿美元的公司，而我会笑着否认，告诉他们中国石油早在 2007 年就已经做到了。这些都是我和程前一起度过的时光，我们在欢笑与泪水中一起见证了中国资本市场这些年的跌宕起伏。

我们还经历了 IPO 定价完全市场化的实验、国际板和红筹回归，以及其他各种探索，这也为我们对国内 A 股市场的独特性以及特定的监管需求有了深入的理解。我们也曾参与了创业板的成功开板过程。程前和我基于我们对国际市场最佳实践操作知识的理解，结合国内市场的特殊情况，以最大的努力为国内资本市场做出了贡献，使之更加合规、透明、公平，从而愈发生机勃勃。

程前一直都是一位优秀的团队成员和合作伙伴。在她的不懈努力和朋友们的支持下，中国资本市场论坛举办已有十年了。自从我 2013 年正式被调至香港接管亚洲资本市场业务以来，我几乎没有再为 A 股市场做出贡献，也渐渐减少了对 A 股的关注。然而自始至终，我都非常怀念在持续发展进步的国内市场工作的那些丰富多彩的日子。

我希望程前和这里所有的资本市场专家可以继续在这段旅程中前行，让国内的市场更加健全、更有活力，为中国企业与中国经济提供更大的支持。祝愿程前和所有与我在中国资本市场相遇并为我带来宝贵回忆的朋友们平安健康，愿大家在新冠肺炎疫情中多加珍重、一切安好！

朱俊伟

2020 年 4 月

朱俊伟 现任夏焱资本管理有限公司董事长、盛格资本董事长、SEG瑞士酒店管理教育集团董事会主席及瑞士SEBA AG银行董事。

2017年联合创立夏焱资本与盛格资本两只美元基金，管理总规模超过15亿美元，已投资多个广获赞誉的明星项目，包括欧洲最大酒店管理教育集团——SEG瑞士酒店管理教育集团（100%收购），瑞士首家取得金融监管局牌照的数字货币银行SEBA AG银行、ARM China、印度尼西亚最大出行独角兽Go－Jek（共享出行服务商）、京东物流、京东数字科技等。

历任瑞银股票市场部中国台湾区主管、瑞银股票市场部中国区主管、瑞银证券全球资本市场部总经理、瑞银证券投资银行部副总经理、全球资本市场部中国区主管、瑞银中国区副主席、全球资本市场部亚洲区主管以及投资银行亚洲区主管。

在瑞士银行带领团队完成了超过450项IPO、股票、股权及债券类融资项目，融资总额超过2500亿美元，服务的客户中不乏中国大型国有企业，如中国石油、中国石化、中国海油、中国电信、中国移动、中化集团、中国银行、中国太平、中国信达、中再集团、太平洋保险集团、中国邮储银行、招商银行等，以及民营企业诸如京东、比亚迪、富士康、奇虎360、迈瑞医疗、碧桂园、龙湖集团、联想集团、复星集团、福耀玻璃、旺旺集团等。

主导多个里程碑式并购项目，包括12间银行重组合并为中银香港、南北车合并、正大集团入股中国平安及中信股份、新湖集团入股中信银行、中海集运和中远集团合并、海航100亿美元收购CIT飞机租赁业务等。此外，曾牵头完成瑞银集团对中国银行、中国信达、中国邮储银行、滴滴出行等大型企业的私募投资项目。曾协助凯雷、淡马锡、KKR、RRJ等众多全球的大型私募基金与国家主权基金完成海内外多项十亿美元量级的投资。

序 3

人生的历程，把时间拉长，过段时间回头看，可能更有看头。短时期里，环境的约束、自身的成长、事物的演化，可能都会使人生呈现种种的偶然；然而长期来看，每个人的人生还是会映现其应有的底色。

我与程前相识于 1998 年。彼时，她从轻工系统转行到北京证券投资银行部，我是她的第一任领导。转行的跨度很大，她却很快展现了出色的沟通协调能力、包容和学习能力。我们共事的时间并不长，却成为那种联系并不频繁，但从来未曾生疏的朋友。之后这二十多年，每次听到她的消息，都相当有信息量：转入瑞银证券、读博士、出书、搞论坛、成为投行高管……间或看到她朋友圈晒出的厨艺（这些是在当初认识她时想象不到的），让我觉得她很有能量、很上进、又很本真，人生因此而精彩。

由程前发起的中国资本市场论坛已经举办了十一届，一个非官方发起、由志同道合者参与的活动坚持了超过十年，每年的成果结集呈现，实属不易，我想应该为程前和她的朋友们点赞。中国资本市场一路发展，成果不小，问题不少，创造更大的价值仍是其使命所在。投资银行是投融资体系中的重要一环，是资本市场对接实体经济的前沿，是资本市场健康和活力的重要媒介力量。立足本土、面向国际，助力实体经济、推动资本市场发展，需要一批批的从业者不断投入和创造。这十一届论坛，沟通信息、分享案例、拓展思想、促成合作，是程前和同道中人的奋斗历程，也是中国投行人积累进步的一个缩影。我想，一件坚持了这么久的事情，一定凝聚着主办者的热情和心血，也承载着所有参与者的付出和厚望。我所在的公募基金行业，是投融资链条的末端，我们要给普通投资人创造价值，对于资本市场的好标的、好资产何其期待。从这个意义上说，我要向中国资本市场论坛及《中国资本市场论坛2020》的出版表示祝贺并表达敬意。

在这本书即将出版之际，程前告别了其奋战二十多年的投资银行，转战投资圈。这一如她的风格。每个人的人生各有色彩，我想，程前的人生多姿多彩，是因为她的人生具有厚重的底色：积极、勤奋、无畏、本真……有这些，进入投资圈的她一定还会创造更多的精彩！

周晓明

2020 年 4 月

周晓明　工商管理硕士，24年证券业从业经验。2011年8月加盟天弘基金管理有限公司（简称天弘基金），现任天弘基金副总经理、余额宝项目组组长，中国证券投资基金业协会（简称基金业协会）互联网金融专业委员会委员。

周晓明是余额宝业务的创意者和主要推动者，并因此获得2013网易英雄盛典财经领域唯一“终极英雄”奖、2013年中国互联网金融年度人物、基金业协会20周年公募基金管理人杰出专业人士、致敬基金行业20周年奉献人物奖、天天基金网基情20周年最受尊敬行业领袖奖等奖项。余额宝由于成功的创新，短短数月即成为国内规模最大、用户数最多的基金，并于2017年2月跃居全球货币基金第一名。

序 4

写给挚友程前

或许我应该算是见证中国资本市场论坛创办的第一人吧，看着它在你的倡导、运作下诞生，彼时我以为这不过是一个民间俱乐部，不过是大家一时兴起，玩玩儿罢了，但是没想到在你的不懈努力下，你以热情、“资本家 001 号”的气场和担当，使之成为一年一度的业内盛会，并坚持了十二年，参与者涉及近百家券商的资本市场同行。年度《中国资本市场论坛》的出版，便是对当年论坛的完美总结，以分享给更多的同行和客户。

每个论坛季，从策划定调、邀请嘉宾到确认会议议程，你都亲力亲为。每每翻着照片跟我分享论坛盛况、行业动态及晚会趣闻，你都难掩兴奋、饱含欣慰。我仿佛也亲临现场，真切地感受到你的开心、自豪还有感动。

从北京证券到瑞银证券，有幸与你同行二十年，生活中亲如家人，工作中携手并肩。从被忽视、被质疑到被认可、被肯定，其间多少艰辛、多少坚持、多少付出，我们彼此心领神会。每一个项目的成功，别人看到的或许只是风轻云淡、手到擒来，而我看到的是背后那些千方百计、绞尽脑汁、费尽思量。你总是元气满满，从不轻言放弃。因热爱而执着，因执着而优秀，你充沛的精力、积极的心态感染着我，也感染着很多人，也正是因为你的携手，才给了我坚持的力量。

感恩有你，二十年一路同行，我们一起走过最好的年华。这篇文字几易其稿，但总不能准确表达我内心的感慨，或许无法用文字表述的才是最真挚的，留在心里的才是最深刻的。我想你懂。

前路必定光明，转角处依然精彩。我们都好好的，等待下一次相遇。

杨艳萍

2020 年 4 月

杨艳萍 大学毕业后即就职于北京证券，任投资银行部执行总经理；2007 年 1 月—2019 年 12 月工作于瑞银证券，任董事总经理，主管大工业、能源基础设施行业团队。

·C·O·N·T·E·N·T·S 目录

01
股票资本市场机构投资者管理改革探究

程 前 刘大路 张家铭

我国资本市场经过数十年的发展，不同类型的机构投资者得以发展壮大。目前我国主要的机构投资者为公募基金、保险、主权基金（包括社保、中投等）、信托、券商、QFII（合格境外机构投资者）等。然而，无论是机构投资者的规模还是质量，都与我国资本市场的发展阶段不相匹配。一方面，我国本土投资机构还未孕育出如美国贝莱德集团、资本集团公司、富达投资集团这样具有国际影响力的资产管理机构；另一方面，国际知名投资机构也鲜有机会参与 A 股市场。从资本市场的整体情况看，专业投资者在市场中的影响力仍然较弱，导致相关资产的定价与其内在价值出现严重偏离。

因此，从行业发展的角度，应当鼓励具备优秀投研实力、良好风险控制、雄厚资本实力的资管机构进一步壮大。同时，也要让我国的资本市场与世界接轨，为国际领先的资管机构进入中国市场创造良好的环境。

从一级市场的角度，无论是IPO还是再融资，都针对不同类型的投资者设置了不同的参与门槛，这样的门槛对市场参与者而言是不公平的，也一定程度上导致了定价的扭曲。在最近出台的再融资新政基础上，进一步出台了关于上市公司非公开发行股票引入战略投资者有关事项的监管要求的《监管问答》，其中增加了对战略投资者的详细规定，不仅难以实施，也不利于目前市场化改革的进一步深化。

本文试图梳理目前股票资本市场机构投资者的相关制度及其合理性，参考国外的经验并结合我国国情，探讨股票市场机构投资者如何能够发展壮大，从而进一步推动我国股票市场的市场化改革。

一、境外市场机构投资者的相关制度

1. 境外市场对机构投资者的相关法律规定

境外市场对机构投资者的类型划分大体上为长线投资者、对冲基金、财富管理和主权基金投资者，各类投资者均有平等的机会参与项目发行。在投资者相关法律规定方面，境外市场主要采用S规则（Reg S）和美国证券法144A条例（Rule 144A），只要是符合要求的投资者都可以参与配售。从香港市场的实践看，以IPO为例，所有可参与配售的投资者均可以与公司签订协议成为基石投资者，能否成为基石投资者完全取决于其与发行人是否能够达成一致并签署协议，同时有一定的锁定期要求（最少为6个月，发行人与投资者也可协商更长时间的锁定期）。美国IPO的同步私募配售对象也适用与发行对象相同的标准。

美元是世界主导货币，美国的机构投资者占比较高，在美国的法律中，合格投资者是指拥有足够的经验，从而不需要美国证券法保护的投资者，是否为合格投资者通常是用投资者拥有的财富来衡量的，这种衡量的理论基础在于，富有的投资者可以雇用知识和经验兼具的投资顾问。按照美国最高法院的观点，证券法要求信息披露的本意是为投资者做出决定提供充分而公允的信息，这也是美国证券法保护投资者的主要方式之一；但是对于成熟的投资者来说，这种信息披露意义甚微，因为这些投资者有能力和途径获得这些有重要意义的信息，所以他们能够保护自己而不需要证券法的保护。基于这种逻辑，在对合格投资者进行甄别的过程中十分强调投资者保护自己的能力，这种能力包括具有财务知识、投资经验等，也包括有足够的钱可以雇用具备这些能力的财务顾问①。因此，美国对于合格投资者的要求也多集中于投资者须满足一定的资产和收入指标。

在美国境外发行的证券所进行的全球配售（如在中国香港、英国等地）会受到美国证券法下 Reg S 和 Rule 144A 的约束，这也是境外市场进行全球配售时所广泛采用的规则。具体而言，Reg S 与 Rule 144A 均设有关于投资者是否合格的条款，不同地

① 华煜雯：《合格投资者制度——从美国到中国》，北京大学学位论文，2011，第1-40页。

区的监管机构也会对合格投资者进行规范，如香港法律就对合格机构投资者进行了定义①。在发行对象规定范围方面，Reg S 面向美国境外的机构投资者，对于非美国地区和 Rule 144A 相关的投资，即离岸投资，做出了相关规定。如果美国公司或者外国公司的证券发行发生在美国境外，那么该发行不再受到美国证券交易委员会（the U. S. Securities and Exchange Commission，SEC）信息披露规则的管辖。受惠于 Reg S 提供的豁免空间，海外投资者可以参与美国发行人的可适用于 Reg S 的债券和股权投资，降低了海外资产配置的法规难度，也使得资产规模未达标的投资者有了投资于美国资产的可能。其主要规定可概括为：在美国之外的发行，若符合 SEC Reg S 的发行方式，则不能向美国投资者发行，不受 SEC 监管。Rule 144A 则是面向美国本土合格机构投资者的。由于美国法律对证券发行有严格的注册和信息披露要求，所以许多外国公司缺少在美国资本市场发行证券的积极性。为此，美国证监会颁布了 Rule 144A，旨在吸引外国企业在美国资本市场发行证券，准许大型机构投资者彼此更自由地买卖受限制证券而无须向 SEC 注册提交公司发行此证券事项及履行披露程

① 香港证券及期货事务监察委员会（以下简称香港证监会）《证券及期货（专业投资者）规则》第 571D 条对香港市场的合格投资者进行了界定，即在投资规模、总资产等方面达到相关规模的信托法团、个人、法团、合伙。

序，以提升美国国内私募证券市场的流动性和有效性。根据 Rule 144A，发行人可以发行不受到美国证监会的注册和信息披露规则限制的证券，但这类证券只能在私募市场向合格的机构认购者发行。其主要规定可概括为：可以在美国之外发行，也可以向美国的合格机构投资者发行，须符合美国证券法 Rule 144A。综上，美国本土市场的公开发行在投资者适当性方面的要求是相对宽泛的，对于美国离岸市场（如中国香港、英国等市场）则适用 Reg S 和 Rule 144A。Reg S 要求不向美国境内或美国公民销售（Reg S 下的合格投资者分为多个类别，最低限度是“项目在美国境外销售”，最高限度是“不能向美国公民销售”）。Rule 144A 要求仅向美国证券法框架下的合格机构投资者（详见法律条文第 501 条，通常要求投资规模超过 1 亿美元）销售。当然，在每个交易市场也有针对投资者管理的细节规定，但总体来说，Reg S 和 Rule 144A 构成了境外市场投资者管理的框架。

2. 中国香港市场引入基石投资者和美国市场引入战略投资者的相关要求

中国香港市场上市申请人在首次公开招股时，将首次公开招股配售部分中某些股份优先配售予若干投资者（“基石投资者”）是常见做法，基石投资者通常是一些大型机构及知名人士。香港IPO在引入基石投资者时，香港联合交易所有限公司（简称联交所）禁止发行人给予基石投资者董事席位等优惠条件，不允许基石投资与委派董事挂钩，一般而言，基石投资者委派董事应至少于上市6个月之后再履行相应的选聘程序，避免联交所进行不必要的质询，且一般会采用标准化基石投资协议模板。联交所明确，向基石投资者配售需参照如下原则：①配售必须按首次公开招股价进行；②所配售的首次公开招股股份须设禁售期，一般为上市日期起至少6个月；③每名投资者在上市申请人的董事会内没有代表，同时独立于上市申请人、其关联人及其各自的联系人；④配售安排的详情（包括投资者身份及背景）须在上市文件中披露；⑤假如投资者根据《主板上市规则》第8.24条（《GEM上市规则》第11.23条附注2和附注3）被视为公众人士，纵有上述的至少6个月禁售期，此类股份亦属《主板上市规则》第8.08条（《GEM上市规则》第11.23条）所指的公众持股量的一部分。结合第8.08（3）条的规定：一般情况下，上市时由公众人士持有的证券中，由持股量最高的三名公众股东实益拥有的百分比，不得超过50%。因此在实务操作中，香港IPO中前三大基石投资者的投资额度占比不超过50%。

美国市场在首次公开招股的同时可进行同步私募配售（CPP），一定程度上可为后续的公开发行去风险化。CPP一般是面向愿意持有公司4.9%～19.9%股权的企业战略合作者或关键财务投资者，可作为发起首次公开发行时簿记建档的一部分。CPP的目标投资者为由公司、法律顾问和簿记人商榷同意的少量企业战略合作者或关键财务投资者，潜在投资者需要签署保密协议，如果投资者决定参与则将签署购买协议，并在最终版本的招股说明书中予以披露。CPP投资者需要接受初始的IPO价格区间以及价格区间的潜在变化，公司上市后，CPP投资者面临的禁售期不短于现有股东的禁售期。

3. 香港和境内对关联交易规定的不同之处

香港联交所的《上市规则》将关联交易定义为“与关连人士进行的交易，以及与第三方进行的指定类别交易，而该指定类别交易可令关连人士透过其于交易所涉及的实体的权益而获得利益。有关交易可以是一次性的交易或持续性的交易”。

在规定范围上，联交所的《上市规则》认定关联人的范围比境内规定的范围更广，规定也更为具体明确。在适用于所有关联交易的一般规定上，联交所的《上市规则》强调，所有关联交易必须在公告、通函及年报中进行披露，并由股东批准交易。在一般规定的基础上，联交所也设置了部分豁免条款，对于上市公司不算重大的关联交易，或出现关联人滥用职权风险较低的特定情况，赋予上市公司对于某些类别的关联交易可免于遵守全部或部分关联交易规定的权利；而境内则直接规定了符合某些具体标准的关联交易需要经董事会批准并披露或经股东大会批准。

在侧重程度上，联交所的《上市规则》侧重于对关联交易进行全面监督，并对部分关联交易做出特殊考虑，在联交所上市的公司，除非其关联交易符合有关的豁免规定，否则必须履行全部规定的合规义务；而境内则突出对部分关联交易的特别关注，除非其关联交易符合规定的标准，否则不需要履行披露及股东批准的义务。

具体到联交所对香港 IPO 中基石投资者的相关规定，联交所曾于 2013 年 2 月刊发 HKEX－GL51－13 指引信，指引事宜为：基础投资者的投资，除保证按首次公开招股价分配股份外，不得向基础投资者提供直接或间接利益。指引信第 4.3 条规定，若该等投资者保证获分配首次公开招股股份外，还透过附函或其他方式收取若干直接或间接利益，而仍被视为基础投资者，则属误导公众。因此，若投资者除获保证分配股份外，还获提供以附函或其他方式的直接或间接利益（如豁免经纪佣金，分享部分包销佣金，控股股东或其他人士提供认沽期权在上市后购回股份，申请人保证将首次公开招股所得款项再投资于基础投资者所管理的基金，协议在另一宗首次公开招股中获分配股份，或任何其他与认购股份有关但不符合公平商业原则的交易或安排)，这些投资者就应被重新分类为“首次公开招股前投资者”，而须遵从2012年1月《有关首次公开招股前投资的临时指引》中的规定。

若基石投资被认定为“首次公开招股前投资”，联交所会对于本次交易形成的基石投资关系进行谴责，对市场反响造成不利影响，甚至影响最终的上市发行结果；此外，根据上述指引信的内容，在这种状况下，基石投资者身份将无法坐实，也无法在上市时按照招股价获得基石配售。联交所认为，一方面，首次公开招股前投资者享受的条款一般优于首次公开招股投资者，且承受的风险也低于后者，因此对于首次公开招股前投资者进行了严格的制度规制。另一方面，如不在招股固定时限内完成投资将导致上市时间表顺延，呈交上市申请时或之后撤回投资亦将导致上市时间表顺延。若投资者被重新定义为“首次公开发行前投资者”，则其份额将不属于公众持股的份额，致使公众持股比例下降并有可能最终低于25%的实质要求。若公众持股比例低于25%，则不满足上市条件，对投资者及拟上市公司都会带来不利的影响。

在后续再融资方面，根据联交所的《上市规则》，大股东（一般指持股10%以上的股东）认购公司股票构成关联交易，上市公司需要聘请独立财务顾问发表意见，关联交易通函（包括独立财务顾问出具的函件）需要提交联交所预审，待取得联交所无意见函后，方可将通函发送给股东，并提请股东大会审议。

4. 香港市场对关联行为的惩罚措施

在香港市场上市，发行人如果违反《上市规则》中关联交易的相关规定，联交所将对上市公司及有关人士进行处罚。主要处罚措施为：非公开谴责、公开声明予以指责、公开谴责、向监管机构举报违规者、中止或取消公司的上市挂牌。市场上的具体案例[①]主要为未及时披露关联投行业务关系被香港证监会处罚的案例。

2019 年 6 月 19 日，香港证监会对 Credit Suisse（Hong Kong）Limited（CSHK[②]）及 Credit Suisse AG（CSAG[③]）做出公开谴责并罚款合计 280 万港元，原因是他们在发表某些有关香港上市证券的研究报告时没有遵从披露规定。具体而言，证监会发现，CSHK 及 CSAG 某些于 2006 年—2016 年 8 月 11 日发表的有关香港上市证券的研究报告中，没有披露他们与相关公司的投资银行

① 以下案例摘自香港联合交易所官网，http：//www. hkex. com. hk。

② 瑞士信贷（香港有限公司）。

③ 瑞士信贷银行股份有限公司。

业务关系。这宗事件是由瑞信的一项资讯系统数据中的资讯科技逻辑问题所导致，而这个问题在2016年8月11日被纠正。此外，瑞信为了修改其研究报告中的庄家活动披露信息，在2016年8月进行系统更新工作，不慎将有关披露信息从某个研究报告的披露信息范本中移除。因此，CSHK或CSAG在2016年8月—2017年5月31日发布的某些有关香港上市证券的研究报告中没有披露CSHK是庄家。这个问题在2017年5月31日被纠正。

2006年10月24日，香港联交所批评中粮国际漏报关联交易。联交所上市委员会公开批评中粮国际各违规事项，因该公司没有在报刊上刊登通告及于年报中披露2002—2005年财务资助资料，其中有部分交易未按规定取得独立股东批准，违反了2004年3月31日前有效的《上市规则》第14.25（1）、14.26（6）（A）、14.29条，2004年3月31日—2006年2月28日有效的《上市规则》第13.13条，以及2004年3月31日起生效的《上市规则》第14.34、14.38、14A.35、14A.63条。

2018年7月5日，联交所谴责成都普天电缆股份有限公司及多名现任和前任董事违反关联交易披露规定。联交所上市委员会谴责该公司违反当时《上市规则》中第14A.35、14A.37～14A.40、14A.46～14A.48条（2014年7月1日前有效），及现行的第14A.35、14A.36条（分别等同当时的第14A.47、

14A. 48 条)，在进行持续关联交易时未遵守申报、公告、年度审核及事先取得独立股东批准的规定。

2018 年 4 月 13 日，联交所因 G. A. 控股有限公司关联交易 12. 76 亿元严厉谴责该公司及多名前高管。联交所 GEM 上市委员会谴责该公司、前执行董事、前独立非执行董事及前监察主任，原因是：①上述人士未能以须有且应有的技能、谨慎而勤勉地履行职责，未能采取合理行动促使该公司的相关交易遵守程序规定、建立并维持有效且适当的内部监控程序，违反《GEM 上市规则》第 5. 01 （6） 条；②未能遵守其向联交所提交的《GEM 上市规则》附录六 A 所载表格——《董事的声明、承诺及确认》，未能竭尽全力促使该公司及个人遵守《GEM 上市规则》；③未能配合上市部的调查，违反各自承诺项下的责任。

此外，也存在联交所否决关联交易豁免事项的情况。如桑德国际有限公司曾于 2018 年 4 月 19 日在公告中披露，由于公司无法按照《上市规则》第 14A. 56、14A. 57 条的规定由公司核数师提供持续关联交易所需的确认函，公司已向联交所申请豁免严格遵守有关规定，但因为联交所认为该公司行为已构成对《上市规则》第 14A. 56、14A. 57 条的违反，豁免申请被联交所否决。

二、海外股票资本市场机构投资者的参与情况

我们筛选了美国纽约证券交易所（简称纽交所）、纳斯达克证券交易所（简称纳斯达克）以及中国香港联交所市值前十大公司的主要机构持股情况①，剔除指数基金后，从持有市值规模的角度来看，三个世界最主要的股票交易所主要的机构投资者重合度非常高。在纽交所，前十大投资者是资本集团、富达、普信、贝莱德、威灵顿、瑞银、摩根士丹利美邦、纽约梅隆、摩根大通、挪威银行；在纳斯达克，前十大投资者为资本集团、富达、普信、贝莱德、伯克希尔、挪威央行、纽约梅隆、瑞银、美国教师退休养老金、摩根士丹利美邦；在联交所，资本集团、富达、普信、挪威央行、贝莱德、摩根大通、瑞银、纽约梅隆、威灵顿、美国教师退休养老金是前十大投资者。从境外成熟市场来看，投资者的头部效应非常强，三大市场中最重要的公司前十大持股机构几乎都是全球最著名的资产管理公司、投资银行、财富管理机构、主权财富基金、养老金。这些机构不仅拥有庞大的资

① 数据来源：FactSet 研究系统，截至 2020 年 3 月。

产管理规模，更有强大的研究实力，从而能够全面推动上市公司在公司治理、战略规划等方面逐步完善。同时，这些知名投资机构也是重要的市场领袖，他们的持股变化和对上市公司的观点会在很大程度上影响市场其他投资者的投资决策，从而对股价产生重要影响。因此，上市公司本身也需要注重与市场的交流，并在进行重大决策时，听取重要的市场领袖的意见，从而形成上市公司与资本市场之间相互尊重、充分沟通的良性循环。

三、中国机构投资者的现状

A 股市场投资者主要包括个人投资者、一般法人、境内专业机构投资者和境外机构四大类（见图 1－1）。

随着金融全球化进程的推进以及我国资本市场对外开放程度的提升，A 股市场投资者结构不断变化，致力于逐步对标境外成熟资本市场。截至 2019 年第三季度，流通市值口径下的 A 股投资者结构显示，一般法人持股市值占比最高，为 52.30%；个人投资者次之，为 28.52%；境内专业机构投资者合计持股市值占比 15.22%；境外机构持股市值占比 3.96%。境内专业机构投资者内部，公募基金、保险机构、社保基金持股市值占比最高，分别为

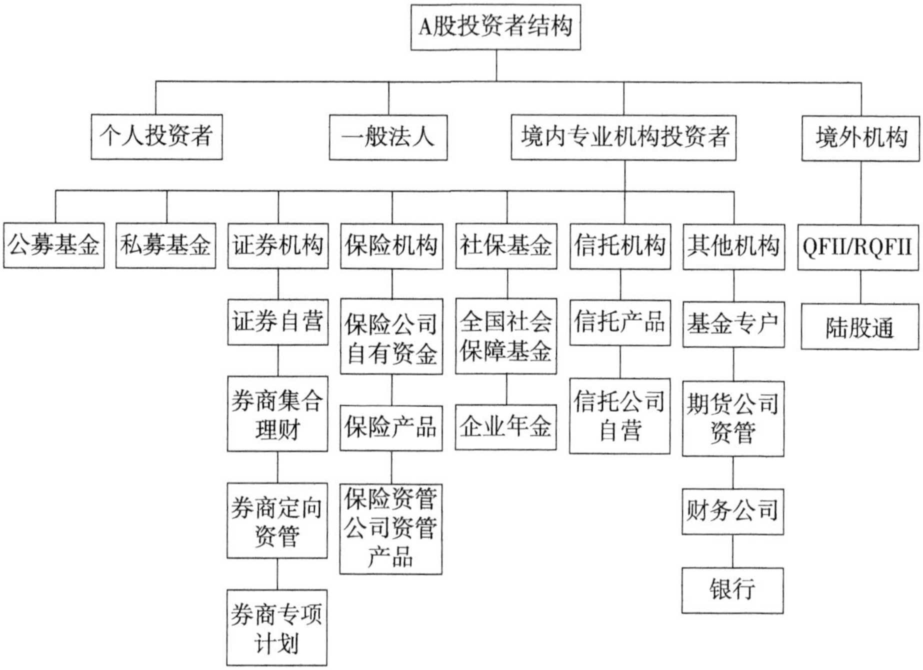

图1-1 A股投资者结构分类（按照管理机构类型划分）

4.76%、3.73%、1.31%[①]。截至2019年第三季度末，按总市值口径，以散户为代表的居民家庭类投资者在第三季度持仓市值仅占美股的36.41%，其余均为机构投资者；而A股市场所有机构投资者持有股票市值占A股总市值的49.66%[②]，相比于境外资本市场，A股资本市场中境内专业机构投资者所占据的市场份额并不高。

① 李立峰、魏雪、艾熊峰：《A股市场参与主体专题研究——A股投资者结构三季度全景图深度剖析》，国金证券股份有限公司，2019年12月5日。

② 蔡劭立：《外资和长线资金跑步进场，或开启A股投资新纪元——中国A股投资者结构介绍》，华泰期货有限公司，2019年12月23日。

四、发行制度及机构投资者相关制度合理性的探讨

一方面，在当前 A 股 IPO 发行制度下，无论是主板、中小板、创业板，还是科创板，均在配售阶段根据不同的投资者类型做出了细致规定，如须保证不低于一定比例的网下发行数量向公募基金、社保基金、养老金等配售，且配售比例不低于其他投资者，此配售原则导致并非所有的投资者均有公平的机会享受到参与股权市场可能带来的红利。另一方面，无论是 A 股 IPO 发行还是定增发行，在参与门槛上都对不同类型投资者设置不同的准入规定，在定增发行制度安排中，证券投资基金管理公司、证券公司、合格境外机构投资者、人民币合格境外机构投资者以其管理的两只以上产品认购的被视为一个发行对象，这也在一定程度上促成了当下各类型投资者发展不均衡的现象。

近期，上市公司“再融资新规”[①] 出台后，监管机构进一步出台了战略投资者的相关规定，从而规范 18 个月锁价定向增发。

---

① 证监会发布《关于修改〈上市公司证券发行管理办法〉的决定》《关于修改〈创业板上市公司证券发行管理暂行办法〉的决定》《关于修改〈上市公司非公开发行股票实施细则〉的决定》，简称“再融资新规”。

从操作层面来说，战略投资者的尺度是难以把握的。相关产业投资者固然能够给公司带来产业的协同，引入相关股东对公司的长期发展是有帮助的，但是股票市场的主要参与者应当是各类专业的机构投资者，而机构投资者本身就对各个行业有深入的研究，甚至在产业的上下游有广泛的布局，且专业机构投资者意见相对独立，有良好的专业素养，可以帮助公司实现更好的内部治理。如果能够引入此类股东长期持股，相信对公司的长期发展大有裨益。从市场的角度，监管机构的职能应当是确保所有的市场参与者公平参与，不能通过提前掌握的信息优势或者相关权利获得不当利益。所以，上述规则是有悖于监管机构的职责的，并且制定这样的规则的前提是假设市场交易价格并不能反映公平的交易价格，存在套利的空间。因此，监管机构是否应当将重点放在如何设计良好的发行制度，能够使得发行价格充分反映市场的公允定价上呢？当然，A 股 IPO 的发行规则也凸显了这样的问题。我国目前的发行制度还相对简单，在境外市场，簿记建档过程是一个复杂的过程，通过发行人与投资者多轮撮合才能最终确定发行价格，这确保了发行价格处于投资者能够接受的最高水平，当然也取决于发行人对于发行规模、投资者类型等方面的考虑和意愿。

对于定增产品，基于资本的逐利性，在市场处于上行通道时，因预期会得到较高收益，资本参与定增产品的积极性也会提高；而在下行市场中，定增产品的发行就会面临较大阻碍。投资者的盈亏程度实为随着市场波动情况而产生变化的，在市场处于上行通道时，也存在投资者解禁即亏损的情况，这说明投资盈亏已属市场化结果，参与定增未必代表投资者一定能够从中获利，因此，为了防止利益输送而对投资者类型进行细化监管的必要性也值得商榷。我们统计了 2011 年 2 月—2020 年 2 月现金类定增产品解禁日的盈亏情况，从图 1－2 可以看出，定增项目的盈亏情况与同期市场走势存在高度相关性。从过去十年来看，我国 A

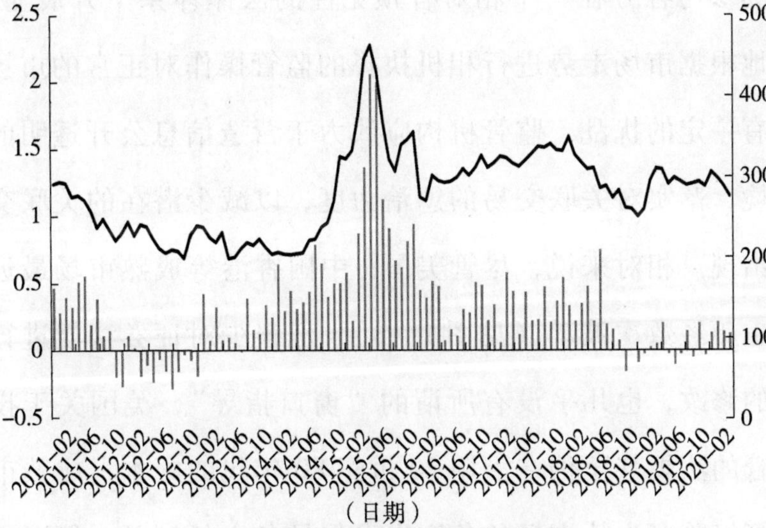

图 1－2　2011 年 2 月—2020 年 2 月现金类定增产品解禁日盈亏与上证综指走势情况对比

股市场经历了一轮完整的牛熊周期，在这期间，再融资的政策也不断地发生变化。但总的来看，在股市上升阶段，项目的收益情况也会相应改善；而在股市下行期间，项目的收益率也会走低，甚至在市场低迷的时候出现亏损。因此，政策的变化并不会根本上对投资者的收益率产生决定性影响，影响投资者收益率更多的是整体市场走势和个股的基本面等综合因素。

从A股向成熟资本市场发展的角度来看，监管机构在制定政策的过程中应当侧重于考虑维护一个公正、透明的市场环境，让市场参与各方在一个相对有预见性的法律体系下开展业务，过多地根据市场走势进行相机抉择的监管操作对正常的市场运作会有一定的扰乱，监管机构应致力于营造信息公开透明的市场环境，落实对关联交易的惩治力度，以减少潜在的关联交易行为出现。相对来说，尽管美国、中国香港等成熟市场最近十余年也历经数次波动（见图1－3），但很少对证券法规进行大规模的修改，也几乎没有所谓的“窗口指导”，美国关于投资者监管的法规甚至仍在沿用20世纪80年代的版本，成熟市场的监管经验多为从市场的角度出发保护各方的利益，保证市场运行公平有序。

谈及关联交易，券商既是发行的参与主体，也是潜在的投资

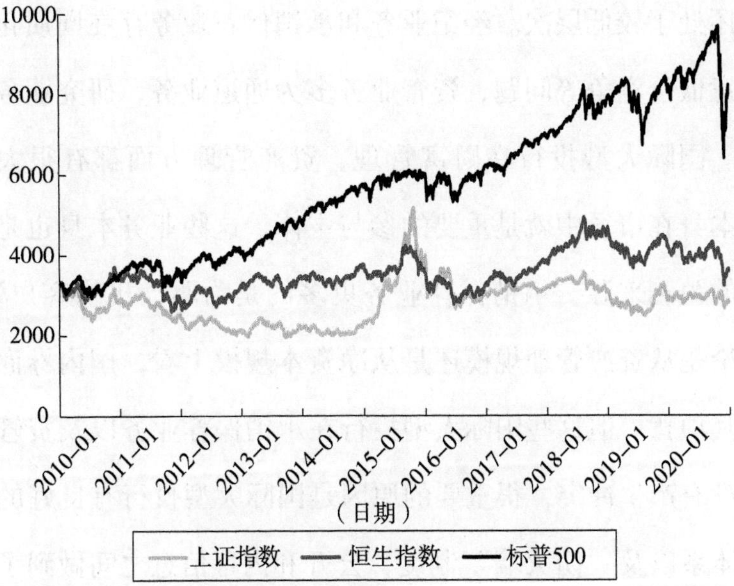

图 1-3 上证指数、恒生指数及标普 500 自 2010 年以来的走势

注：以上证指数为基点。

对象。在发行制度安排上，也存在 A 股科创板 IPO 要求券商作为战略投资者参与项目跟投的规定。未来，随着中国本土券商资本实力的增强以及投研能力的提高，越来越市场化的发行也会逐渐出现承销团结构（即多家券商共同参与同一项目发行），一刀切禁止承销商参与相关配售显然不利于市场的发展，严格实行券商内部“防火墙”制度显得尤为重要。发展旗舰型投行是未来的趋势，和华尔街 Bulge Brackets① 这样的大型投行相比，国内券商的

① 指全球最大、盈利最高的跨国投资银行，包括高盛、摩根士丹利、摩根大通、美银证券、花旗、瑞银、巴克莱、瑞信等国际大型投资银行。

竞争还处于较低层次。经纪业务和承销保荐业务存在同质化严重和恶意低价竞争等问题，资管业务多为通道业务，研究业务举步维艰。国际大型投行在财富管理、资产管理方面都有很大的规模，本身在市场中就是重要的参与主体，这些业务本身也是投行重要的盈利来源，承销保荐业务更多的是为驱动机构客户资源。而无论是从资产管理规模还是从净资本规模上看，国内券商都难以望其项背。但这些国际大型投行在承销保荐业务以及资管业务上并没有产生冲突，很重要的原因是国际大型投行有良好的合规风控体系以及“防火墙”制度，公开和内幕信息之间做到了很好的隔离，因此即使参与本公司承销的股票发行，也不会因此而获得更多的内幕信息。而我国券商在这方面相对薄弱，内幕信息很容易在不受监管的情况下外泄，甚至出现研究部门的研究员参与投行项目内核、投行项目竞标时研究所研究员一同参与的现象。

五、针对我国机构投资者发展的相关建议

自“再融资新规”落地至今，市场上公告出来的锁价定增案例中，发行对象除了控股股东、实际控制人之外，也包括有限公司、有限合伙、公募基金、资管计划、契约型基金、自然人等，

基本涵盖了市场上所有类型的主体。锁价发行对象在公告预案时披露的内容存在如下情况：一是存在部分投资类公司和有限合伙并未开展过任何业务的情况；二是部分有限合伙参与的案例仅披露了一层结构，并没有披露至自然人、国有资产监督管理委员会或上市公司；三是部分公司仅披露了财务数据，并未要求实缴到位；四是部分契约型基金未披露投资人情况；五是对于部分自然人股东，存在没有披露行业背景的情祝；六是仅部分案例披露的发行对象承诺了资金来源。

“再融资新规”旨在让非公开发行产品更为市场化，在引入战略投资者方面的政策优待也旨在借此提升公司治理水平、助力公司长期发展，在此基础上限定战略投资者类型的出发点是防止出现资金套利和关联交易。但是一方面，在真正的市场化机制调节下，资金的逐利性得以充分体现，随着时间的沉淀和市场周期的轮动，基本面良好、成长性强的公司自然会吸引真正看重公司长期发展而非短期价格套利的战略投资者；另一方面，关联交易的出现主要来自信息披露不充分、内控不健全，从市场上已公布的案例中可以看出，信息披露不充分确为当前市场上仍然存在的关键问题，如果能够像境外市场那样做到充分信息披露，在发现问题时监管机构能够给予大力惩罚，那么关联交易问题可能会不消自灭。

具体而言，在最新的《监管问答》[①] 的制度安排下，战略投资者需要委派董事实际参与公司治理，受限于《中华人民共和国公司法》对董事会成员人数的规定，实际能够参与定价发行的战略投资者数量受到极大的限制，考虑上市公司的实际情况，可供让渡给战略投资者的董事会席位数量一般在 1 ~ 2 个。并且如果引入较多的战略投资者，还会造成董事会组成较为庞大，增加上市公司董事会会议的行政成本，进一步增加公司的治理成本。而且在现行制度规定下，基金公司、私募证券基金、QFII、信托和证券公司等金融投资机构基本无法获得战略投资者的资格，较难参与其中。

此外，对于战略投资者的界定，无论对市场还是监管机构来说都是难以操作的。如果仅允许具有战略属性的实业企业进行投资，那么 18 个月的定增产品可能会如同目前的公开增发产品一样基本停滞。实业企业的重点应当是其主营业务，对金融投资的涉猎本身就不多，大多数实业企业也不具备投资管理的实力和专业团队。据统计，2017 年至今共有 171 起现金类定价非公开发行，其中大股东或大股东关联方参与的项目占据最多数，共有 126 起，占比近 74%。去除大股东或大股东关联方参与的项目

① 2018 年 11 月，证监会修订发布《发行监管问答——关于引导规范上市公司融资行为的监管要求》，简称《监管问答》。

后，45 起现金类定价非公开发行引入的投资者类型分布如图 1－4 所示，可以看到专业投资机构仍是参与定增的主力，实业公司参与次数较少。

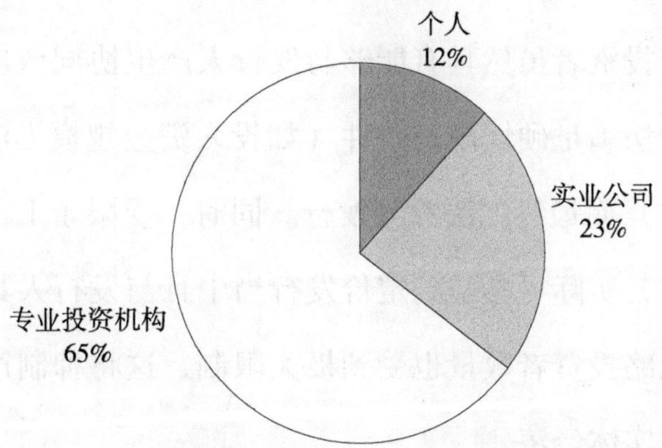

图 1－4　现金类定价非公开发行引入的投资者类型分布

如果认定产业基金、私募股权基金为战略投资者，那么就会存在大量的制度套利空间，对监管机构来说，对相关行为的监管也存在难度。如果相关的认定是监管机构相机抉择的结果，那对市场来说就变得难以执行。一旦公司与 18 个月定增的投资者之间达成了初步协议，但最终被监管机构否决，也会造成很大的资源浪费。

更重要的是，此种对战略投资者的规定对金融向实体经济传导产生了一定程度的阻碍，不利于实体经济的发展。一方面，市场上的长线资金，尤其是成本比较低的资金（如银行、保险、大型公募基金等）对于行业和公司都具有专业且深入的研究能力和丰富的投资经验，并具有强大的资金实力和广泛的投资布局，在《监管问答》的规定框架下，这些类型的投资者很难有机会以战略投资者身份参与发行，也难以将产业资源嫁接给发行人。另一方面，部分投资者虽然具有能够与发行人产生协同效应的产业资源，但因无法满足硬性规定条件（如投入资金规模无法达到董事会席位要求）而最终无法参与发行。同时，受限于上市公司董事会席位要求，实际可参与到定价发行当中且与发行人具有产业协同效应的战略投资者数量也受到极大限制，这将抑制产业融合发展，不利于实体经济。

本次《监管问答》下发后，预计定价非公开发行受到的市场认可和参与度将不及竞价非公开发行，未来定增市场预计仍以6个月询价类项目为主，这会使得定增的财务投资属性更为显著。同时，6个月询价类定增虽然需要备以明确的募投项目，但募投项目会否帮助公司实现长足发展还属不确定因素，在促进实体经济发展方面，引入战略投资者、发挥产业协同效应、整合上下游资源等与发行人直面、对接产业资源的方式显然会更胜一筹。

从投资者端和发行人端角度，在投资者端，①证券投资主要还是应当由专业的投资机构进行，如基金、保险、信托公司等，实业公司本身对金融投资的需求就很少，此外如果实业公司与产业上下游之间有大规模的相互持股，本身就会产生系统性风险。一旦产业链出现黑天鹅事件抑或是产业升级优胜劣汰，就会带动上下游加速风险的释放。基于以上，18 个月定增就基本上失去了市场需求。然而定增改革的目的是盘活市场活力，这样与改革的初衷似乎有所不符。②无论是境内还是境外的发行，对合格投资者进行约束都是给了保护没有能力识别资产价值以及风险的投资者，而不是为了给某类特定投资者提供准入便利，而无论是针对战略投资者的新规还是 IPO 的券商跟投制度，本身就是为特定投资者提供排他的准入便利，这对大多数市场投资者，特别是中小投资者而言是不公平的。③对于 18 个月的产品，因其锁定期较长应当有一定的风险溢价，因此其价格相较于 6 个月定增产品较低也是正常的市场操作。我们统计了自 2013 年以来定价和竞价非公开发行品种的收益率情况，如图 1 -5 所示，定价品种收益率显著高于竞价品种，从时间价值和风险溢价的角度考虑，这一现象是具有合理性的。从 2015—2017 年 A 股市场的波动率上升以后，还可以明显看到定价项目和竞价项目收益率偏离程度提高，这佐证了由于锁定期不同产生的投资者要求回报率的差异。因此，锁定期更长的产品要求更高的折扣是市场机制发挥作用的体现。从监管的角度来说，如果仅针对不同的锁定期进行定价不但具有较强的可操作性，也是相对市场化的政策。

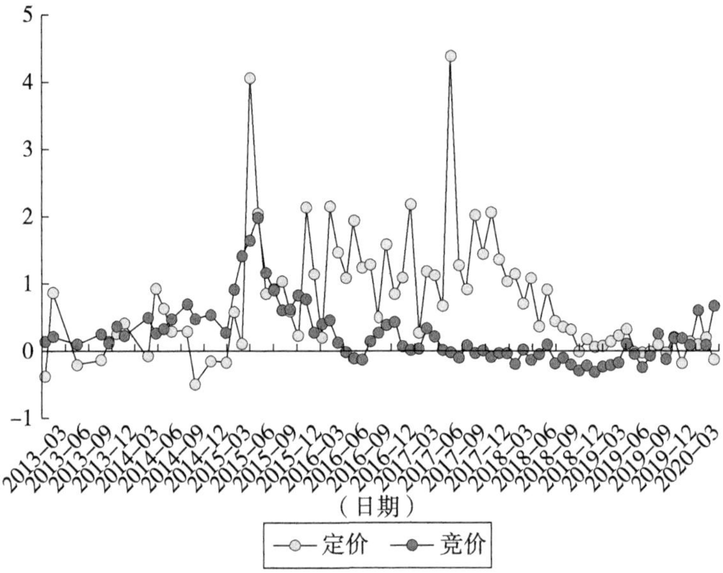

图 1-5　定价发行和竞价发行解禁日盈亏对比

从发行人端来说，企业发行 18 个月定增产品的原因主要还是缺乏募投项目、补流偿债的压力大以及 6 个月产品需求不强。对于众多轻资产企业来说，募投项目不足是现实存在的问题，而单次股权融资成本较高，如果募集资金较少，会减少企业股票融资的意愿，从而不能充分利用资本市场助力企业成长，抑或是选择监管相对宽松的境外市场上市；针对补流偿债压力大的企业，其本身就存在改善资本结构的需求，更不可能继续增加投资项目；而对 6 个月定增产品需求不强的企业来说，这样只会出现劣币驱逐良币的现象，迫使公司选择不适合公司的投资者作为发行对象，或者通过各种通道开展此业务。

不仅是对于非公开发行，A 股 IPO 目前也有引入战略投资者的制度安排和类型规定，在现行 A 股 IPO 投资者结构及配售机制下，随着市场化改革的逐步推进，若能够弱化对战略投资者类型上的定义，而是落实认证其对于公司的战略意义，落实充分信息披露、加大对违反规定的惩罚力度，那么将进一步促进 A 股的市场化和法治化。

通过借鉴境外市场经验并结合当前境内资本市场境况，我们给出如下建议。

（1）不要以“战略投资者”或“财务投资者”定义投资者类型，希望与公司达成长期业务合作或者助力公司实现长足发展的投资者就应该属于潜在战略投资者，公司应该通过董事会、股东大会等内部流程表决后自主确定最终的战略投资者并与之签订协议。参考商务部、证监会、国家税务总局、国家工商总局[①]和国家外汇局此前制定的《外国投资者对上市公司战略投资管理办法》中的相关规定，相关战略投资申请书、战略投资方案文件、保荐机构、主承销商及各中介对战略投资者资格出具的意见文件均可以向监管机构报送，并在公告中做出充分

① 国家工商行政管理总局，2018 年组建国家市场监督管理总局，不再保留国家工商行政管理总局。

披露。

（2）为防止出现关联交易情况，需要强化相关信息披露，具体而言，如投资者涉及资管计划、理财产品，则须穿透披露至最终出资人，充分披露其是否有分级或结构化安排，并承诺发行对象包括最终持有人在预案披露后不会变更，若后期出现关联交易情况，则相关监管机构将对发行人、投资者和中介机构均处以一定程度的惩罚。

（3）在具体惩罚机制上，可参考境外市场做法，若发现关联交易行为，或是未对此做出充分披露的行为，需要借以公开谴责、公开点名批评、罚款等措施严惩，并实行追责制，落实责任到相关机构和个人。

（4）在A股现行投资者结构下，存在部分产业基金与部分券商有关联关系的情况，为便于产业资本流入发行人与发行人形成协同效应，提升金融对实体经济的支撑作用，需要进一步强化券商内部的“防火墙”机制，确保券商和其关联方能够独立做出决策。

在监管层面，即使监管机构对再融资乃至IPO引入战略投资者的类型做出表面上的窗口指导，也无法制止券商间通过项目互换绕开关联交易的行为，实际上这是券商内控机制不完善的体现，也是处罚力度不够的结果。不仅是在股票市场，债券市场中也存在着因券商内部“防火墙”机制不严格导致不同部门间共享信息、出现利益输送的行为。

事实上，近十年来监管机构对于定增和首发等股权类产品出台过较多政策，拟对市场进行一定程度的人为干预，这些政策在连贯性和方向性上往往无统一的规则可循，然而，需要接受的事实是：市场上的资金流转都是以逐利为目的，获取盈利这一客观出发点不会因政策干预而改变。

基于本文所述，我们认为，对于战略投资者类型设置规定与限制，实际上不利于市场化改革的进一步深入开展、境内专业投资者的进一步壮大及实体经济的发展，为避免出现利益输送和关联交易行为，我们认为：①要尊重市场化规则，监管机构可考虑减少非市场化政策手段，而是接受资金具有逐利属性这一客观事实，并尊重市场规则的自然发展；②要严禁潜在的关联交易，监管机构需要落实充分的信息披露规章制度和严格的法律制度保障，因为充分的信息披露是遏制关联交易的前提，充分信息披露下的违法违规行为发现即严惩是遏制关联交易的必要保障；③要严格贯彻执行券商内部的“防火墙”机制，因为券商内部严格的“防火墙”机制可以阻止内幕信息的不当传输，是避免关联交易和利益输送的利刃。

作者简介

程　前　中国地质大学资源产业经济专业博士，2020年6月30日前任瑞银证券董事总经理、全球资本市场部主管、全球投资银行部管理委员会委员。自2007年加入瑞银证券以来，累计完成70余单融资项目，累计募集资金超人民币7000亿元，先后主持完成了西部矿业62亿元、中国石油668亿元、中海集运154.7亿元以及中国太保300亿元A股IPO项目，独立承揽并主持完成了瑞银证券首个非公开发行项目——中金黄金40亿元A股非公开发行。2009年，又相继承揽并主持完成了中金黄金20亿元企业债、浦发银行150亿元A股非公开发行、瑞银证券首个公开增发项目——新兴铸管35.1亿元A股公开增发、民生银行46亿美元H股IPO、招商证券111.1亿元A股IPO以及中国太保31亿美元H股IPO。2010年，先后主持完成了交通银行327.73亿元A+H股配股、际华集团40.5亿元A股IPO、兴业证券26.3亿元A股IPO、南方航空100亿元A股非公开发行、工商银行448.47亿元A+H股配股、国电电力95.7亿元A股公开增发。2011年至今，在中国石化230亿元A股可转债、川投能源21亿元A股可转债、庞大集团63亿元A股IPO、比亚迪14.22亿元A股IPO、中金黄金28亿元A股非公开发行、国电电力55亿元A股可转债、国投电力21.8亿元A股公开增发、新华保险18.9亿美元A+H股IPO、中国南车[①]87.5亿元A股非公开发行、川投能源19.9

① 现中国中车。

亿元A股公开增发、福田汽车49亿元A股非公开发行、交通银行566亿元A+H股非公开发行、民生银行200亿元A股可转债、云南冶金30亿元股权融资、中钢国际11.7亿元A股非公开发行、新湖中宝55亿元A股非公开发行、南京医药10.6亿元A股非公开发行、宝钢股份40亿元A股公募可交换债、仪征化纤60亿元A股非公开发行、春秋航空18.2亿元A股IPO、三元股份40亿元A股非公开发行、东兴证券45.9亿元A股IPO、老百姓11亿元A股IPO、中国核电131.9亿元A股IPO、中国中铁120亿元A股非公开发行、华电国际71.5亿元A股非公开发行、新湖中宝50亿元A股非公开发行、泛海控股57.5亿元A股非公开发行、三一集团两期合计73.5亿元私募可交换债、比亚迪144.7亿元A股非公开发行、东兴证券47.8亿元A股非公开发行、复星医药23亿元A股非公开发行、中国中车120亿元A股非公开发行、中铁工业60亿元A股配套融资、光大银行300亿元A股可转债、际华集团43.8亿元A股非公开发行、华阳集团10亿元A股IPO、财通证券40.9亿元A股IPO、中交集团160亿元私募可交换债、春秋航空35亿元A股非公开发行、中信建投21.7亿元A股IPO、南方航空95亿元A股非公开发行、圆通速递36.5亿元A股可转债、青岛港20.9亿元A股IPO、中远海控77.24亿元A股非公开发行、中信银行400亿元A股可转债、申能股份19.8亿元A股非公开发行、瑞银证券首个科创板项目昊海生科15.88亿元IPO及邮储银行327.1亿元A股IPO等项目中做出了杰出贡献。

刘大路　瑞银证券股票资本市场部副董事，北京大学经济学硕士研究生，2017年7月正式加入瑞银证券股票资本市场部，曾参与邮储银行327.1亿元A股IPO、昊海生科15.88亿元科创板IPO、中远海控77.24亿元A股非公开发行、春秋航空35亿元A股非公开发行、中信银行400亿元A股可转债、中交集团160亿元私募可交换债发行等A股股权融资相关项目。

张家铭　瑞士银行亚洲股票资本市场部分析师，中央财经大学硕士研究生，拥有境内外资本市场从业经历，曾参与保利物业6.9亿美元H股IPO、中国生物制药7.5亿欧元境外可转债、中芯国际2亿美元境外可转债增发、中国生物制药2.9亿美元旧股配售、宝龙地产1亿美元先旧后新配售。此外，也曾参与申能股份19.8亿元A股非公开发行等境内股权融资项目。

02

改变，一直在发生

周文地 杨健飞 段 鸿

一、资本的力量

过去半个世纪，经济全球化成为不可逆的历史潮流。经济资源在全球范围内实现了优化配置，产业结构在全球范围内重新调整，各个国家都在新的维度下重新度量各自的优势，并思考新的发展战略。在这一背景下，资本市场成为经济转型、资源配置、产业结构调整、社会再分配甚至大国竞争的重要场所，作为世界第二大经济体的中国尤其如此。

1978 年中国改革开放，推动了资本市场在中国的萌生和发展。在过去二十多年里，中国资本市场从无到有、从小到大，从区域到全国、从国内到世界，得到了快速发展，在市场规模、参与者数量及类型、制度建设等方面走过了一些成熟市场几十年甚至是上百年的道路。尽管经历了各种坎坷、反复，但是在政府和市场的共同推动下，中国资本市场规模不断壮大，制度不断完善，证券经营机构和投资者不断成熟，已经成长为一个在法律制度、交易规则、监管体系等各方面与国际公认原则基本相符的资本市场。①

通过对时间线和标志性事件的梳理，中国资本市场发展大体可以分为萌芽、全国性资本市场形成和初步发展、进一步规范和发展、多层次资本市场体系初步形成这几个阶段。

（1）1978—1992 年，萌芽阶段。

股份制改革、股票、国债、企业债、金融债、证券中介机构、自律组织（中国证券业协会）开始出现，期货交易开始试点。标志性事件是 1990 年 12 月上海证券交易所（简称上交所）和深圳证券交易所（简称深交所）的先后开业，这标志着证券流通市场开始出现。1991 年年底，上交所共有 8 只上市股票，深交所共有 6 只上市股票。

中国资本市场的萌芽源于中国经济转轨过程中企业的内生需求。这一阶段的资本市场处于一种自我演进、缺乏规范和监管的状态，并且以分隔的区域性试点为主，还没有规范的管理和集中

① 中国证券监督管理委员会：《中国资本市场发展报告》，中国金融出版社，2008，序言第 I 页。

统一的监管。[①]

（2）1993—1998 年，全国性资本市场形成和初步发展阶段。

1992 年，中国证监会成立，标志着中国资本市场开始逐步被纳入全国统一监管框架，全国性资本市场由此形成并初步发展。在监管部门的推动下，一系列相关的法律法规和规章制度出台，资本市场得到了较为快速的发展。

这一阶段，中国资本市场在监管部门的推动下，建立了一系列的规章制度。在 1997 年亚洲金融危机后，为防范金融风险，国家对各地方设立的场外股票市场和柜台交易中心进行清理，并对证券经营机构、证券投资基金和期货市场中的违规行为进行整顿，化解了潜在的风险。同时，国有企业的股份制改革和发行上市逐步推进，市场规模、中介机构数量和投资者队伍稳步扩大。

更重要的是，这一时期资本市场法规体系初步形成，股票发行试点走向全国。在市场创建初期，各方对资本市场的规则、市场参与者的权利和义务的认识不全面，为防止一哄而上以及因股票发行引起投资过热，监管机构采取了额度指标管理的审批制度，即将额度指标下达至省级政府或行业主管部门，由其在指标限度内推荐企业，再由证监会审批企业发行股票。

① 中国证券监督管理委员会：《中国资本市场发展报告》，中国金融出版社，2008，第 3－9 页。

自1993年开始相继采用了无限量发售申请表、与银行储蓄存款挂钩、上网定价等方式向公众公开发行股票。在交易所市场形成以前，大部分股票按照面值发行，定价没有制度可循。交易所市场形成以后，由于当时发行人、投资者和中介机构等市场参与规则尚不成熟，也由于机构投资者的缺失，基本上根据每股税后利润和相对固定的市盈率来确定发行价格。

随着市场的发展，上交所、深交所交易品种逐步增加，在单纯的股票基础上增加了国债、权证、企业债、可转债、封闭式基金等。随着集中监管体系和上海、深圳两个全国性证券交易所市场的建立，上市公司数量、总市值和流通市值、股票发行筹资额、投资者开户数、交易量等都进入了一个较快的发展阶段。

推动国内企业赴海外上市是这一阶段的另一个标志性事件。1993年，境内企业开始试点在香港上市。海外上市不仅拓宽了中国境内企业的融资渠道，而且加速了国有大型企业转换经营机制、提高国际知名度和竞争力，更使中国的证券界开始了解国际成熟资本市场的业务规则。在这一过程中，海外投资银行开始接触中国境内市场，国际投资者进一步了解了中国的状况，增强了投资中国的信心。[①]

---

① 中国证券监督管理委员会：《中国资本市场发展报告》，中国金融出版社，2008，第10－20页。

（3）1999—2007 年，进一步规范和发展阶段。

1998 年 12 月《中华人民共和国证券法》颁布，以法律形式确认了资本市场的地位。证券法的颁布实施及随后的修订，标志着资本市场走向更高程度的规范发展，也对资本市场的法规体系建设产生了深远影响。

2001 年 12 月，中国加入 WTO（世界贸易组织），中国经济走向全面开放，金融改革不断深化，资本市场的深度和广度日益拓展。相关法规体系和会计规则日益完善，上市公司数量快速增长，交易所交易和登记结算体系效率得到提高，二级市场交易日趋活跃，中国资本市场得到较快发展。但是，资本市场发展过程中积累的遗留问题、制度性缺陷和结构性矛盾也逐步开始显现。从 2001 年开始，市场步入持续四年的调整阶段：股票指数大幅下挫；新股发行和上市公司再融资难度加大、周期变长；证券公司遇到了严重的经营困难，到 2005 年，全行业连续四年总体亏损。

中国资本市场是在向市场经济转轨过程中由试点开始逐步发展起来的新兴市场，早期制度设计有很多局限，改革措施不配套。一些在市场发展初期并不突出的问题，随着市场的发展壮大，逐步演变成市场进一步发展的障碍。因此，国务院于 2004 年 1 月发布了《关于推进资本市场改革开放和稳定发展的若干意见》，此后，中国资本市场进行了一系列的改革，完善了各项基础性制度，主要包括实施股权分置改革、提高上市公司质量、对证券公司综合治理、大力发展机构投资者、改革发行制度等。经过这些改革，投资者信心得到恢复，资本市场出现转折性变化。

这一时期，中国资本市场还对多层次市场体系和多样化产品结构进行了探索。彼时，中国资本市场层次单一，只有上海、深圳两家证券交易所，企业发行上市的标准单一，门槛较高，难以满足处于不同阶段、不同类型企业的融资需求和投资者不同的风险偏好。为丰富资本市场层次，2001 年中国证券业协会设立了代办股份转让系统，即老三板；深交所于 2005 年 5 月设立中小板；2006 年，中关村园区非上市股份制企业开始进入代办股份转让系统挂牌交易，即新三板的前身。

在此阶段，中国资本市场陆续推出了可转换公司债券、银行信贷资产证券化产品、住房抵押贷款证券化产品、企业资产证券化产品、银行不良资产证券化产品、企业或证券公司发行的集合收益计划产品以及权证等新品种，以适应投资者的不同需求。这些产品的出现丰富了资本市场的交易品种。债券市场规模有所增加，形成了交易所债券市场、银行间债券市场和银行柜台交易市场。

2001 年中国加入 WTO 后，对外开放推进了中国资本市场的市场化、国际化进程，促进了市场的成熟和发展壮大，合资证券期货经营机构开始设立，合格境外机构投资者（QFII）和合格境内机构投资者（QDII）机制建立，大型国有企业集团重组境外上市、外商投资股份公司境内发行上市得到推进，并出现了外资战略投资上市公司。[①]

（4）2008 年至今，多层次资本市场体系初步形成阶段。

多层次资本市场体系建设初见成效，创业板开板，新三板扩容，沪港通、深港通、沪伦通开通，科创板开板，注册制全面推行，中国资本市场对外开放程度空前提高。

2009 年 10 月，创业板开板，截至 2020 年 3 月底，创业板上市公司达 804 家。2014 年 1 月，新三板扩容到全国，2014 年 8 月推出做市交易制度，截至 2020 年 3 月底，新三板挂牌企业达 8731 家。2019 年 7 月，科创板开板并试点注册制，截至 2020 年 3 月底，科创板上市公司有 96 家。此外，截至 2020 年 3 月底，中小板上市公司有 904 家；2020 年 3 月底，11 个区域股权托管及交易中心挂牌企业有 36414 家。

服务于不同发展阶段及不同类型的企业、上市标准更具包容性的多层次资本市场体系初步形成，以信息披露为核心、指标多元化、包容性更强的注册制正在全面试点，强化退市制度、加大

① 中国证券监督管理委员会：《中国资本市场发展报告》，中国金融出版社，2008，第 21－34 页。

惩罚力度、实现优胜劣汰，越来越多的高科技企业、商业模式创新企业走向资本市场，成为资本市场的宠儿，不仅实现了上市公司结构的优胜劣汰，也极大地推动了互联网、战略性新兴产业的发展，多元化的企业和多元化的制度安排使我国多层次资本市场体系的基础得到逐步夯实，也必将越来越完善。

在对外开放方面，2014 年 11 月，沪港通开通；2016 年 12 月，深港通开通；2019 年 6 月，沪伦通开通；2020 年，取消证券公司外资股比例限制。

可以说，中国资本市场与中国经济一样，正在深化对外开放、深度融入全球金融市场。资本市场将在中国的国家发展中承担更重要的角色。

1. 资本市场与中国经济社会发展

在计划经济时期，资源主要通过行政手段配置，配置不合理、使用效率低。随着中国经济市场化、全球化发展，资本市场已经成为中国经济资源市场化配置的重要平台。资本市场在中国经济的腾飞过程中起到了加速器的作用。

上市公司已经成为中国经济体系的重要组成部分。2001 年 5 月，A 股上市公司有 1154 家，总市值为 4.35 万亿元，当年实现 GDP（国内生产总值）9.59 万亿元，相当于当年全国 GDP 总量的45.36%；截至2019年年底，A股上市公司总数为3777家，市值为59.3万亿元，相当于当年全国GDP总量的约60%（全国GDP总量接近100万亿元）。中国平安、招商局、海康威视、澜起科技等规模大、盈利能力强、技术水平领先的企业成为资本市场的骨干力量。更重要的是，上市公司覆盖了所有行业，产业结构转向以通信、金融、互联网及战略性新兴产业为主的新格局，资本市场对国民经济的支持作用逐步显现。

第二次世界大战后，经济全球化成为不可逆的历史潮流。经济资源在全球范围内实现配置，各国必须在全球的维度下去重新考量各自的优势、思考或调整发展战略。在全球化的背景下，资本市场成为资源配置、产业结构调整和利益分配的重要场所。资本市场自身的运行也越来越呈现国际化的特征，生产要素在全球流动和配置。随着全球化进程的加速，生产要素，包括资本、人才、技术、原材料等，都在国际市场迅速流动，以获得最优配置。

我国的工业化就是在从国家配置资源到市场（主要载体是企业）配置资源、承接国际分工的过程中逐步实现的。在此过程中，资本市场融资和资源配置推动了企业的做大做强，资本市场为企业拓宽了外部融资渠道，改变了单纯依赖银行贷款的局面，在一定程度上降低了企业的负债率，降低了经营风险。同时，资本市场促使资源向优势企业集中，企业核心竞争力不断增强，一批企业发展壮大成国际领先企业，深度参与产业链的国际分工，并因此促进了机械制造、金融、电子、新经济的发展，中国也由此成为世界工厂和第二大经济体。

与资源的全球配置同步进行的是产业结构在全球范围内进行调整、升级。全球产业转移和调整的速度很快，高科技、高附加值的高端制造及研发环节转移占跨国直接投资的比例大大提高。20 世纪 70 年代，一大批加工制造产业开始从发达国家转移到发展中国家，随后，产业转移的趋势逐步扩展到技术含量较高的电子加工等产业。

自 21 世纪以来，高附加值工业、新兴产业、服务业转移持续进行，现代服务业和资本技术密集型产业是国际转移的重点领域。与此同时，我国科技人才丰富、资金充裕取代廉价劳动力成为新的比较优势，我国资本市场也迅速成长为世界上最大的新兴市场，中国正在成为新的资本大国。[①] 当互联网时代来临时，中国公司抓住了这个机会，借力风险投资和中国巨大的市场发展壮大，诞生了阿里巴巴集团控股有限公司、深圳市腾讯计算机系统有限公司、京东集团、北京小米科技有限责任公司等全球知名企

① 祁斌：《资本市场——中国经济的锋刃》，《经济导刊》2010 年第 8 期。

业，中国由此成为移动互联网技术应用强国。

资本市场在发达国家经济转型和新兴产业发展过程中发挥着决定性作用。在我国，战略性新兴产业的发展同样有赖于资本市场的支持。

欧洲在工业革命后长期称霸全球，最核心的竞争力来自其一流的科技研发能力和发达的资本市场。美国随后的工业崛起，一直伴随着现代企业、优秀大学和华尔街的繁荣。经过第二次世界大战后30年的经济快速发展，20世纪70年代的美国和欧洲同时陷入经济滞胀，但随后，美国凭借资本市场与高科技的有效结合，带动其在20世纪80年代走出低谷，实现了又一轮的30年增长。今天，这一结合机制仍在发挥作用。

而欧洲经济一直未能走出低增长困境，随着近年来全球化浪潮的冲击，缺乏市场化的新兴产业发现机制，使得欧洲在全球经济中的竞争力日渐式微。经历30年高速增长的日本经济在1989年遭遇了一场危机，至今未能走出低谷。2004年日本财政大臣山本有二访华时曾说，日本经济的一个重大缺陷就是资本市场相对不发达。美、欧、日三大经济体的转型成败，说明一个有效的资本市场及市场化的资源配置体系对于经济转型具有决定性影响。[①]

① 祁斌：《建立资本市场与经济可持续发展的动力机制——以高科技产业发展为例》，《证券市场导报》2006年8月。

从很大程度上说，在未来的战略性新兴产业领域，国家与国家之间竞争的关键所在，是哪个国家的资本市场能够健康运行，并有效发挥其发现和推动新兴产业成长的作用。

资本市场促进了企业的价格发现和价值重估。在资本市场出现之前，中国企业缺乏有效的定价机制，估值通常基于企业的净资产，同时，国有企业股权和资产的转让过程不够透明，个别交易只有一两家机构进行报价，没有公开有效的平台让更广泛的投资者参与竞价，因而难以取得与企业价值基本相符的价格。在资本市场上，企业的价值主要由其未来盈利能力而非净资产决定。未来盈利能力越强，预期产生的现金流越大，企业的价值就越高，由此确立的企业价值往往数十倍于企业的净资产。此外，企业通过资本市场可以在各方参与者尤其是机构投资者的不断博弈中形成相对公允的价格。资本市场的发展使得大量中国企业得到了价格发现和价值重估，许多上市公司特别是上市国有企业的市场价值远远超出原有评估体系下的价值。①

2. 资本市场是中小企业和科技创新的重要支撑

中小企业特别是科技创新型企业，具有成立时间短、规模

① 中国证券监督管理委员会：《中国资本市场发展报告》，中国金融出版社，2008，第37页。

小、抗风险能力弱、风险高等特点。但美国持续 30 年的创新表明，正是中小企业孕育了新的商业模式和新兴产业，成为引领技术创新、经济转型的主导力量。

处于高速成长期的中小企业，依靠自身积累无法满足资金需求，寻找外部融资就成了发展的必备要素。而中小企业高风险、轻资产的特点决定其难以获得银行信贷支持，而资本市场（包括风险投资、私募股权投资基金、股票等）则为企业提供了风险共担、利益共享的市场化的融资机制，中小企业凭借非公开市场的募资和发行得到了快速成长，资本市场也因此成为中小企业和科技创新型企业成长的重要平台。美国硅谷的成功，正是科技产业和资本市场相结合的典范，显示出市场配置资源的强大力量。

第一，资本市场为中小企业和科技创新型企业提供了持续的资金支持，使真正具有竞争力的企业最终胜出。第二，资本市场的制度安排，有助于企业治理结构的完善，通过股权激励机制，使管理层、员工与股东共享企业发展成果、获得资本溢价，推动了企业长期、稳健、快速发展。第三，资本市场还为中小企业提供了所需的资源，如并购资源、专业的投行及顾问服务、资本动态等，使其能够基于更全面的信息做出更优决策。

正是资本市场的制度优势，使得中小企业和科技创新型企业获得快速成长。1971 年，当纳斯达克市场初建时，在这个市场挂牌的大都是名不见经传的小企业。到1995年，美国前五大市值的上市公司中，有四家在纳斯达克市场，其中包括微软公司、苹果公司和英特尔公司。

中小企业在我国经济社会中的作用毋庸置疑，中小企业吸纳就业人数占全社会的80%，扶持中小企业是政府工作的重中之重，但在银行主导的金融体系中，中小企业的融资情况仍不容乐观。第一，银行贷款门槛较高，成本较大，使处于竞争弱势、本就微利的中小企业很难发展。第二，由于科技创新型企业往往不定型、不稳定，其风险特征也决定了不适宜由银行提供贷款。第三，中小企业借助以信贷为主的民间融资平台，将承担更高昂的成本。第四，在直接融资体系中，中小企业的上市门槛仍然较高，竞争非常激烈。我国风险投资机构普遍乐于投资成长期后端的企业，使处于发展早期的创新型企业举步维艰。

天使投资、风险投资、私募股权投资基金行业迅速发展，以及新三板、创业板、科创板的开板，为众多中小企业提供了更便捷、快速的融资渠道，也为风险投资、私募股权投资提供了退出通道，间接反哺了中小企业的融资。新三板的扩容、科创板的推出及全面推行注册制都是在为科技创新型、有潜力的中小企业走向资本市场提供平台，走进资本市场、获得更多的融资渠道也是中小企业创业者的共识。可以说，从顶层制度设计者、作为发行主体的创新型中小企业到作为投资者的风险投资和私募股权基金，对于资本市场的重要作用已经达成共识。在市场各方的参与和建设下，资本市场在推动我国中小企业和科技创新型企业的发展中将发挥越来越重要的作用，创新、创业型企业有机会通过资本的力量实现快速成长，成为中国创新的新动能。

3. 资本市场与大国崛起

20 世纪七八十年代，美国经济成功地经历了从初级消费拉动的粗犷式发展向以高科技产业为主的新经济转型，寻找到了一个“科技+金融”的可持续发展模式。在这个模式中，以资本市场为主的金融体系是不可缺少的要素。

第二次世界大战后美国经济的发展大致经历了两个阶段：战争时期被严重压抑的民用需求迅速得到释放，在家电、食品、汽车、建筑等初级消费的拉动下，美国经济快速增长；进入 20 世纪 70 年代以后，由于初级消费需求放缓以及石油危机等因素，美国经济进入滞胀阶段，社会矛盾凸显，经济高速发展的趋势不再出现。

但与此同时，在以纳斯达克为代表的资本市场推动下，以硅谷为据点的高科技产业悄然兴起。美国的计算机、半导体、生物技术、互联网等高科技产业相继涌现并迅速在全球确立了领先优势，促使美国经济实现了产业升级。20 世纪 90 年代后，美国进入了以信息产业为先导的新经济时代，其高科技产业的优势进一步加大，特别在一些附加值高的尖端科技行业仍然具有垄断地位；由于虚拟经济和实体经济的良性互动，美国进入有史以来持续时间最长的一次经济扩张期，并拥有创新和持续发展的动力。[①]

4. 资本市场是美国高科技产业发展的推进器

分析美国近几十年的高科技产业发展轨迹，不难发现，资本市场（直接融资）在其中扮演着重要的角色。以硅谷和华尔街为代表，美国形成了科技产业、风险投资和资本市场相互联动的一整套发现和筛选机制。事实证明，这套机制具有强大的制度优势。

风险投资和资本市场相互联动的市场化选拔机制，是美国高科技产业创新和发展的源动力。高科技产业具有高投入、高风险和高回报的特点，风险投资家和投资银行家集合社会的资金，通过市场化的运作方式，发现并培育具有发展潜力的中小企业，并将其中的佼佼者推向资本市场。在他们获取丰厚的投资收益的同时，也不断造就了微软、苹果、特斯拉、思科等世界级公司，使得美国在近几十年的科技产业轮换中牢牢占据了领先地位。

① 祁斌：《建立资本市场与经济可持续发展的动力机制——以高科技产业发展为例》，《证券市场导报》2006 年 8 月。

资本市场将科技人员的积极性充分地调动起来，大大缩短了科学研究与产业的距离。通过高科技企业上市，许多像比尔·盖茨这样的科技人员成为亿万富翁。微软公司有万余名员工从公司期权中获得约180亿美元的财富。正是这种巨大的财富效应，激励了成千上万的科研人员怀着梦想辛勤创业，也使得世界各国优秀的科技人才源源不断地流入美国。在全美从事科学和工程项目的人员中有72%出生在发展中国家。①

资本市场不仅为创新企业提供发展所需的资金，也为其提供其他各种社会资源，使其迅速形成竞争优势。资本市场提供的股权和期权计划，帮助创新企业形成良好的激励机制和公司治理结构；资本市场为创新企业提供的世界一流投资银行家的专业财务和管理顾问服务，使其一举脱离传统作坊式的经营方式，成为真正意义上的现代企业。

资本市场不仅推动高科技产业的发展，也推动商业模式的创新，如星巴克咖啡公司、亚马逊公司。由于商业实践的推动，原本定位于为高科技企业提供融资渠道的纳斯达克市场也成为商业模式创新企业上市的重要场所。

在很大程度上，美国的高科技产业是依托资本市场发展起来

① 祁斌：《建立资本市场与经济可持续发展的动力机制——以高科技产业发展为例》，《证券市场导报》2006年8月。

的。可以说，以资本市场为主的金融体系，不仅是使美国高科技产业长盛不衰的根本原因，也是美国最为重要的核心竞争力之一。资本市场是美国经济的发动机的说法是恰如其分的。

理论研究和实践结果都表明，资本市场与创新产业高度结合的市场机制是科技创新成功的核心。从风险投资到资本市场，市场的机制解决了创新型企业的委托代理关系、人才激励、技术产业化等一系列关键问题，这些问题不可能靠政府的计划、项目或扶持政策解决。只有建立较为完善的资本市场，才能有较为健全的市场机制来解决创新产业的发展问题。因此，调整我国的金融体系，大力发展直接融资体系，建设高效的多层次资本市场是我国大国崛起的必备条件。

资本市场的发达程度与国家长期可持续发展能力正相关。从长期看，国家与国家之间的竞争最终表现为资源配置效率的竞争。资本市场较发达的国家，资源配置效率相对较高，经过一段时间的发展，其经济发展水平就会与资源配置效率低的国家有明显的差距。

新兴经济体的对比也可以说明问题。20 世纪 90 年代以前，中国和印度的 GDP 相差不大，处于可比水平。但是自 1992 年起，中、印的 GDP 差距逐渐被拉开并迅速扩大。2006 年，中国的 GDP 已经超过了印度的 3 倍；2018 年，印度 GDP 总量约为 2. 72

万亿美元，中国 GDP 总量约为 13.9 万亿美元，约为印度的 5 倍。深入探究中国与印度 GDP 逐渐拉开差距背后的原因，不难发现，中国坚持改革开放和市场经济发展道路是最重要的原因，而中国金融体系和资本市场的建立和完善也起到了重要的推动作用。

资本市场的发展水平决定了一国金融服务业和金融中心的国际竞争力。在全球化的趋势下，各国在金融服务业和金融中心方面的竞争日趋激烈，而两者均是围绕资本市场构筑的。在现代经济结构中，大部分发达国家服务业的比重均超过了 50%，而作为服务业的高端，金融服务业的重要性日渐显著，这首先是因为金融服务业是高附加值的服务业，处于价值链的顶端，强大的金融服务业可以在全球业务中获取丰厚的利润。

更重要的是，资本市场的发展水平直接决定了一国金融中心的国际竞争力。2007 年，按照规模排列，世界前三的交易所分别为纽约证券交易所、东京证券交易所、伦敦证券交易所，纽约、东京、伦敦也正是世界前三的国际金融中心。金融中心一旦形成，就成为一国最重要的比较优势之一，不仅吸引各类优质生产要素服务于本国经济，而且成为世界资本的定价中心和基准，对经济增长具有强大的推动作用。[①]

① 祁斌、蒋星辉、李修辞：《全球化背景下的中国资本市场发展》，《今日中国论坛》2008 年第 4 期。

5. 资本市场是全球经济利益重新分配的手段

第一，资本强国加快了对全球优秀的上市公司资源的争夺，以便本国投资者能分享全球经济的成长。第二，发达国家利用其强大的资本优势，通过股权投资、输出金融服务业等方式，在全球范围内获取更大的利益。以美国为例，2016年，美国在其他国家股市中的收益率约为25%。第三，伴随着全球化的趋势，世界主要资本市场和交易所面临整合的大趋势。发达国家采取多种手段并购其他国家的交易所，扩展其在资本和资本市场方面的比较优势、强化其经济竞争力。在交易所并购风潮中，美国不仅在西欧控制了部分市场，还迅速向北欧、中东和亚洲扩张，力图在新的全球资本博弈中占据主导。

调整我国的金融体系，大力发展直接融资体系，建设高效的资本市场也是防范和化解金融风险的主要工作内容。中国经济已和全球经济深度融合，但中国资本市场服务于中国经济“走出去”的能力远没有跟上。中国目前所有证券公司的资产加起来只有美国高盛集团的1/3，由此可以看出我们在金融服务水平上与资本强国仍存在差距。中国每年“走出去”参加并购的企业大约有1万多家，其中只有大约600家的并购是成功的。而在有限的并购成功案例中，中国有能力进行服务的证券公司屈指可数。

与此同时，我国金融结构严重失衡，绝大部分金融资源是通过商业银行配置的，本质上是一种相对非市场化的配置，这对经济发展不利。我国的金融风险主要是借钱太多，杠杆率太高。如果说还有一个问题的话，那就是钱基本都是向银行借的。也就是说，我国目前金融风险的根源在于金融结构的失衡，银行在融资体系当中所占的比重太高，而且越来越高。这个比重在2007年为56%，2017年为73%。如果按照这个趋势发展下去，对中国经济和金融体系造成的风险可想而知，这也不符合“使市场在资源配置中起决定性作用”的方针。只有让我国金融结构在未来的一段时间里发生根本性、趋势性的改变，才能逐步化解金融风险。

资本市场的历史还折射并影响着世界金融中心的博弈和大国的博弈。第一次世界大战前后，纽约证券交易所的规模一举超越了伦敦证券交易所，在几年的时间里，纽约取代伦敦成为新的世界金融中心，美国的人均GDP也超过英国，并成为世界第一大经济体。这个发人深省的历史事实清楚地说明，资本市场对于国际金融中心博弈和大国博弈有举足轻重的影响，也说明了资本市场在大国的国家战略中占据重要地位。

二、浮屠七级，重在合尖

中国工业化进程已经进入新的阶段，从工业经济向信息经济转型是时代的潮流，这将带来投资理念和盈利模式的转变。在越来越多的新经济、新业态兴起的背景下，资本市场传统资源配置机制和上市审核机制已经不能满足市场需求，试点注册制应运而生。任何事物都有其两面性，对于注册制，当然存在一些不同的声音，有人认为注册制是“洪水猛兽”，认为这将导致股票供给大量增加，给本来就“牛短熊长”的二级市场带来冲击；也有人认为注册制是“救世主”，必将为资本市场注入新的活力。“主客二元”的辩证法简单化、直线型的思维方式容易使人陷入一种非对即错、非此即彼的二元对立的认知范式。对于核准制、注册制，我们不论对错，只争朝夕。就其本质而言，核准制与注册制的区别在于股票发行权、上市权、定价权的重新配置，从法理上讲，注册制是授权于发行人本身，在规范信息披露的前提下，其自身有发行股票并上市的权力；而核准制认为该权力不属于发行人，而属于监管机构。在某种意义上，国内试点注册制是核准制的延续，二者相互关联，又泾渭分明。目前的试点注册制是他律型，而不是自律型，这也要求监管机构、市场服务机构重新审视自身功能，归位尽责。

1. 投资与投行

对于资本市场而言，IPO 核准制究竟是好，还是坏？每个事物都有其历史使命，不可否认的是，以利润指标为核心的审核机制，催生了大批金融、消费、周期型企业上市，而试点注册制必将为科创型公司打开一扇门。

理解事物必须要得其神，就如一篇文章，其神不在字符中，而是文章的整体，离开了整体的字符是没意义的；脱离了配方的中药，可能是毒药；庖丁解牛，神遇而牛解。注册制这篇大文章也一样，神不遇而解其文，无有是处，或许其细微处不完全得当，还需要不断地改进、更新，但这并不影响试点注册制为中国资本市场谱写新的篇章，它将进一步优化市场资源配置，提升直接融资比重，配合实体经济转型升级。

曾经有知名教授建议，《中华人民共和国证券法》可以叫《股票公司债现货交易法》。《中华人民共和国证券法》自颁布以来的修订历程如下：1999 年 7 月，《中华人民共和国证券法》实施，标志着证券行业进入法制化规范化发展阶段；2004 年 8 月第一次修正；2005 年 10 月第一次修订；2006 年 1 月，修订后的

《中华人民共和国证券法》实施；2013 年 6 月第二次修正；2014 年 8 月第三次修正；2015 年开启了新证券法的修订工作，2015 年 4 月一审稿，2017 年 4 月二审稿，2019 年 4 月三审稿，2019 年 12 月四审稿通过；2020 年 3 月，再次修订后的《中华人民共和国证券法》实施。新《中华人民共和国证券法》历经 5 年修订完成，用心良苦，其落脚点是为了注册制的推出。

新的《中华人民共和国证券法》，新的审核机制和发行方式，一切都在向好的方向发展。

在执业过程中，我们会发现一个有意思的现象：对于企业来讲，投行 IPO 尽调的配合度比以往显著提高，而投资业务的尽调，标的公司的配合度往往没有那么高（除非标的流动性出了问题），这或许与新《中华人民共和国证券法》大幅度提高了对证券欺诈发行的处罚力度有直接关系，如果说以前的上市造假处罚被戏称为“罚酒三杯”，那《中华人民共和国新证券法》的处罚力度，是罚到“断篇儿”级的。

比如，对于“尚未发行证券的”，处罚标准由原来的 30 万元以上 60 万元以下提升为 200 万元以上 2000 万元以下；对于“已经发行证券的”，处罚标准由非法所募资金金额 1% 以上 5% 以下提升为非法所募资金金额 10% 以上 1 倍以下。更为重要的是，针对相关责任个人的处罚也全面升级。关于欺诈发行，处罚规定由对直接负责的主管人员和其他直接责任人员处以 3 万元以上 30 万元以下的罚款，改为处以 100 万元以上 1000 万元以下的罚款。新《中华人民共和国证券法》明确，发行人的控股股东、实际控制人组织、指使从事前款违法行为的，没收违法所得，并处以违法所得 10% 以上 1 倍以下的罚款；没有违法所得或者违法所得不足 2000 万元的，处以 200 万元以上 2000 万元以下的罚款。对直接负责的主管人员和其他直接责任人员，处以 100 万元以上 1000 万元以下的罚款。如果责任坐实，控股股东、实际控制人不仅要被没收全部非法所得收益，还可能要承担达到违法所得一倍的罚款。同时，大幅提升对保荐机构在证券发行中不能勤勉尽责、虚假陈述、误导投资者等行为的处罚力度，使得券商在执业过程中更加小心翼翼、如履薄冰，否则真的会面临“做得起，罚不起”的窘境。

全面提升违法成本，倒逼契约精神，加大投资者保护力度，严格退市机制以促进市场供需的合理平衡，是注册制全面推行的重要前提。

浮屠七级，重在合尖，试点注册制千呼万唤始出来，作为投资银行从业者的我们一不小心又站在了历史的节点上。注册制这鸿篇巨制将如何谱写，我们无法预测，无论是业内大咖还是一名投行普通工作者，在历史的进程中都需要不断奔跑，不停思考，为中国资本市场的“塔尖工程”添砖加瓦。

（1）无形的手，拉近投行与投资的距离。

在中国，券商的投资银行业务，早期时常被误解为是卖股票或者拉存款的，朋友动不动让推荐几只股票，就像网络工程师经常被亲戚拉去，问能不能帮忙修一下电脑。广义的投行业务，涵盖的领域比较广泛，包括股票发行承销、债券发行承销、财务顾问、企业重组、兼并与收购、投资分析、风险投资、项目融资等业务，由金融中介业务与投资业务构成。这里讲的投行是狭义的，主要与 IPO 相关，IPO 也被称为投行皇冠上的明珠，其发行审核机制已历经多轮变革，从额度管理到指标管理，从通道制到保荐制，再到今天的试点注册制。

额度管理阶段（1993—1995 年）。1993 年 4 月，国务院颁布了《股票发行与交易管理暂行条例》，标志着审批制的推出。在审批制下，股票发行由国务院证券监督管理机构制定一个发行额度，再下发至省级行政单位，各省推荐预选企业，监管部门对符合条件的企业进行上市审批。

指标管理阶段（1996—2000 年）。1996 年之后，监管部门相继公布了《关于 1996 年全国证券期货工作安排意见》《关于做好 1997 年股票发行工作的通知》，改变了两级行政审批下单纯由地方政府推荐企业的做法，推荐主体增加了中央企业主管部门，并开始了对企业的事前审核。

通道制阶段（2001—2004 年）。1999 年 7 月正式实施的《中华人民共和国证券法》明确了核准制的法律地位。核准制的第一个阶段是通道制。2001 年 3 月，证监会宣布取消股票发行审批制，正式实施股票发行核准制下的通道制，即每家证券公司按序推荐一定数量的企业申请发行股票。直到 2005 年 1 月通道制被废除①时，全国 83 家证券公司一共拥有 318 条通道。

保荐制阶段（2005 年至今）。保荐制度起源于英国另类投资市场终身保荐人制度，后在中国香港得到了进一步发展，保荐制度是指由保荐人负责发行人的上市保荐和证券承销，并对发行人上市后履行持续督导责任。2003 年 12 月，证监会发布《证券发行上市保荐制度暂行办法》，于 2004 年 2 月正式实施，中国证券市场保荐制起航。2018 年 11 月，习近平总书记在首届中国国际进口博览会上宣布设立科创板。2019 年 1 月 28 日，中国证监会发布《关于在上海证券交易所设立科创板并试点注册制的实施意见》。2019 年 1 月 30 日，上交所发布 6 项配套业务规则征求意见稿，并于 3 月 1 日正式发布《科创板上市公司首次公开发行股票注册管理办法（试行）》和《科创板上市公司持续监管办法（试行）》，上交所、中国结算（中国证券登记结算有限责任公司）

① 根据《关于进一步做好〈证券发行上市保荐制度暂行办法〉实施工作的通知》，自 2005 年 1 月 1 日起正式废除通道制。

相关业务规则也随之发布。2019年6月，最高人民法院印发《关于为设立科创板并试点注册制改革提供司法保障的若干意见》，这也是最高人民法院首次为资本市场基础性制度改革而专门制定系统性司法文件。

科创板的设立是中国资本市场试点注册制的里程碑，其对于完善我国多层次资本市场体系、提升资本市场服务实体经济质量、助力经济结构转型、寻找科技驱动经济发展新动力以及缓解科创企业融资难等问题具有重要意义。

目前的试点注册制可以叫作他律型注册制①，科创板的发行上市制度既要与计划色彩浓厚的审批制和核准制“划清界限”，设立之初也不适合过于冒进，选择高度市场化的自律型注册制。施行他律型注册制和自律型注册制的典型国家分别是英国和美国，两类注册制的主要区别在于证券监管机构和交易所的权力范围不同；他律型注册需要在市场化前提下给予交易所、发行人、金融中介机构一定的监管干预；而自律型注册制更接近于把权力完全下放到市场，由市场及交易所层面进行自我调节。结合海外市场经验以及我国客观情况来看，在强调充分信息披露原则的基础上，通过证券监管机构对证券发行进行适当制衡有利于市场发展。注

① 彭世平：《中国创业板他律型注册制发行上市制度研究》，华中科技大学博士学位论文，2005年。

册制是市场化的产物，国际化和市场化是中国资本市场发展的必然选择，但监管部门给予市场一定程度的约束也是必不可少的。

如果说核准制是隐而难，那么注册制就是显而难，是难上加难，这受大环境影响，与历史的进程相关。所谓隐而难，是大家都没注意到你做的事，或者这件事在当时环境下显得不那么紧要，而且没有太多规律可循。

中国改革开放后，我们也有了资本市场，有了证券交易所和上市公司，但在当时的历史背景下，这些被认为是资本主义的东西，整个社会、经济、人们的思想处于巨大变化和革新的进程中。1992年1月，邓小平视察南方地区，到达深圳当天就视察参观了深圳市容，几年前还是一个小渔村的深圳，转眼间已是马路纵横、高楼林立，整片土地饱含活力。他指出："证券、股市，这些东西究竟好不好，有没有危险，是不是资本主义独有的东西，社会主义能不能用？允许看，但要坚决地试。看对了，搞一两年对了，放开；错了，纠正，关了就是了。关，也可以快关，也可以慢关，也可留一点尾巴。怕什么，坚持这种态度就不要紧，就不会犯大错误。"①站在深圳这个改革开放的前沿，当时邓小平对市场经济的每一个观点，可能都代表着一种方向。

---

① 《历史选择了邓小平（62）》，人民网，http：//cpc. people. com. cn/n1/2018/0713/c69113－30144486. html。

所谓显而难，是全世界的目光都在注视着你，没有借口、没有退路，只有一个选择，就是成功。从1990年中国设立第一个证券交易所，到2018年习近平总书记向世界宣布设立科创板，推出试点注册制，近30年间，中国发生了翻天覆地的变化，1990年中国GDP总量为1.9万亿元，到2019年已超过90万亿元。

如果说注册制是一篇大文章，那么科创板就是这篇文章的首章，如果首章不能解，后面则是以盲引盲，科创板的推出，毫无疑问是中国资本市场发展重要的转折点。

券商投行与投资业务，在科创板市场建设中扮演着重要角色。科创板的发行审核机制，对科创企业包容性更强，发行定价更加市场化，在交易及退市方面同样有突破性的创新，其中保荐机构跟投机制更是引起广泛关注，这些都从根本上改变了券商的股权业务模式，投行部门、投资条线、资本市场部、研究所等部门需要统筹作战完成项目，同时又不可避免地进行利益博弈。

直投叠加投行，有利于深层次地挖掘客户价值，由于中观微观的投资融资周期交替，直投业务和投行业务有周期互补作用，有利于增强券商综合业务的抗风险能力。虽然投行掌握了客户资源，并具备资本运作的专业能力，但想要与直投深度绑定，还是存在问题的，在执业过程中，很可能存在违反合规及独立性等问题。内控指引、防火墙、投资持股比例等相关规则红线和窗口指导也直接制约了投行与直投条线的合作，“保荐 + 直投”模式更多转变为“投行 + 投资”的联动。市场中也有很多变通的方式，如涌金集团的涌铧投资和国金证券投行的合作，二者同属于集团内的一个体系，而非被同一券商所控制。类似模式还有招商局资本与招商证券的合作、中信资本与中信证券合作等。与 IPO 业务相比，在并购业务上投资与投行的联动灵活性更高，比如中信并购基金、华泰瑞联并购基金、国金鼎兴并购基金等。投资希望往前端走，投行追求长尾效应，二者并不冲突，在规则允许的条件下，合作共赢可以提升业务盈利空间和风险把控力。

随着市场生态的变化，投行不再是只写材料，投资也不能只顾及 IPO 套利赚差价，券商需要兼顾资本方与金融中介的职能，具备行业深耕能力的交易型投资银行或许将脱颖而出。

(2) 券商双子座，私募子公司、另类子公司再度起航。

与欧美成熟市场相比，我国企业融资长期来源以银行借贷的间接融资为主，股权投资业务的发展是优化我国企业融资结构和提高直接融资比重的重要途径，也是促进科创型企业发展的有效助力。

无论是券商私募子公司或是另类子公司，其投资实施主体均为券商系，暂且统称为“直投”。券商直投业务有其特殊性，既有优势，也有禁区：优势在于依托券商系的分支机构触角和投研资源，并发挥风控管理优势来拓展业务；而禁区就是不能打投行项目的主意，无论是“保荐加直投”还是“直投加保荐”，都容易被扣上“利益输送”的帽子。科创板及精选层的落地，给投资投行联动带来新的方向。

2006—2016年，券商直投业务经历了证监会试点审批阶段、证券业协会自律监管阶段、基金业协会自律监管加证券业协会自律监管双重监管等多个阶段的发展，其间相继出台了一系列监管政策以调整直投业务。2006年2月，《国务院关于印发实施〈国家中长期科学和技术发展规划纲要（2006—2020年）〉若干配套政策的通知》，标志着券商直投业务的放开；2007年9月，《关于公司开展直接投资业务试点的无异议函》，标志着券商直投业务正式亮相；2008年3月，《证券公司直接投资业务试点指引》发布；2009年5月，证监会扩大直投试点范围；2011年7月，《证券公司直接投资业务监管指引》发布；2012年10月《证券公司直接投资子公司自律管理办法》发布；2012年11月，《证券公司直接投资业务规范》发布；2014年5月，《关于进一步推进证券经营机构创新发展的意见》发布；2014年12月，《证券公司直接投资业务子公司管理暂行规定（征求意见稿）》发布；2016年12月，《证券公司私募投资基金子公司管理规范》《证券公司另类投资子公司管理规范》发布，《证券公司直接投资业务规范》废止，券商私募子公司和另类子公司也从此各奔东西，走向相互独立的专业化经营方向。

随着试点注册制的推出，直投业务相关监管政策在2020年进一步更新完善，2020年3月，中国证券业协会下发《证券公司另类投资子公司管理规范（修订意见稿）》和《证券公司私募投资基金子公司管理规范（修订意见稿）》，这对证券公司回归主业、精简机构、理顺业务、强化内控起到了积极作用。从修改内容上看，在整合现有监管及自律要求的基础上，适当优化另类子公司的业务范围、完善另类子公司参与战略配售的制度基础，这无疑给券商另类子公司的发展创造了新的机遇。

在券商另类投资尚未严格规范之时，其业务涉及领域相当广泛，衍生品、量化投资、地产融资等方面均有涉及，随着监管规则的明确，虽然业务灵活度在一定程度上受限，但另类子公司的业务范围进一步得以优化，包括经母公司制度明确的自营业务范围以外的业务范围，在有效防范利益冲突的基础上投资的衍生品、大宗商品、全国中小企业股份转让系统挂牌转让的股票等其他标的，以现金管理为目的投资于风险较低、流动性较强的证券等。

相对于券商另类子公司而言，头部券商的私募子公司业务发展已经呈现一定的规模和行业影响力，根据清科研究中心发布的

“2019 年中国私募股权投资机构 50 强”榜单，中金资本运营有限公司、金石投资有限公司、海通开元投资有限公司、上海东方证券资本投资有限公司等头部券商私募子公司均在榜单前 20 名之内。券商私募子公司也已经开始进行设立市场化母基金的探索，券商系通过设立母基金的形式，调整内部结构并积极与外部专业机构合作，能够有效调动内外部资源，提高投资效率。例如 2018 年 7 月，国泰君安证券股份有限公司的全资子公司国泰君安创新投资有限公司设立总规模达 500 亿元的市场化股权投资母基金，这是首只券商发起设立的市场化母基金，该母基金对内外部子基金进行 IRR（内部收益率）考核及赛马竞优机制，以优化资金配置和投资效率，更好地服务实体经济，同时对于券商发展买方业务具有参考价值和借鉴意义。

在试点注册制背景下，随着科创板的发展以及新三板精选层的逐步落地，券商直投业务须结合自身资源禀赋，寻求其独特的发展路径。

（3）新业态涌现，投资、投行须辨识风险，解锁价值密码。

我国改革开放以来经济的高速增长，得益于生产要素数量的增加和配置效率的提高，随着经济社会快速发展，我国进一步扩大对外开放并调整经济结构，新的技术、新的业态不断涌现，对于投资、投行来说，更需要一双慧眼来辨别真伪。先判断真或假，再来讲对与错，投资需要激情，但更需要理智，投行很谨慎，也更应善于发现价值。

中国处于经济结构调整或者说结构演进的关键时期，券商需要更加敏锐的方向辨别能力和线索挖掘能力来发现有价值的企业，这对于直投及投行业务提出了新的要求。处在风口浪尖的某咖啡公司的招股书中企业定位是："我们的使命是成为每个人日常生活的一部分，从咖啡开始。"2020 年 4 月 2 日，该公司公开承认业绩造假，2019 年第二季度至第四季度，收入造假涉及金额 22 亿元。消息一出，当日公司股价暴跌 75% 以上，市值蒸发超过 65 亿美元，盘中数次触发熔断。浑水调研公司（以下简称浑水）的报告的主要质疑点在于公司商业模式的悖论以及连带的业绩造假。当然，管理层提前套现、割韭菜的手法，以及 COO（首席运营官）为了一点期权，冒着牢狱之灾的风险来造假，让人不胜唏嘘。

首先，看其商业模式，公司主要以"烧钱模式"快速占领市场、获取流量，但是一旦减少对用户的补贴，能否留住有效用户就令人质疑，尤其是在饮茶大国卖咖啡，不是那么容易的。浑水正是研究了其减少折扣后的业绩表现，充分证实了这种商业模式是脆弱的。其次，该公司的收入构成为订单量 × 每个订单商品数量 × 商品单价，浑水表示这三个数据全部被夸大了：订单量平均膨胀率为72%，每日商品的出售量第三季度虚增69%、第四季度虚增88%，实际商品单价也被夸大10%以上，算下来，店面亏损幅度超过20%。这是浑水动员1000多人，根据对数万张收据调查得出的结论。

浑水的做空报告很高级，这种“技术活”本来是投行的看家本领，但本土投行可能永远不会去做，也无法完成。这里简单列举一些调查的数据：①动员了92名全职和1418名兼职人员在现场进行监控，成功记录了981个门店日的客流量，覆盖了620家门店100%的营业时间；②收集了11260小时的门店流量视频以及25843张顾客收据；③统计了每个门店的人流量，记录了从门店开业到关闭平均每天11.5小时的录像视频，并对人流量计数和录像进行再次检查，如果监控视频画面丢失超过10分钟，当日的数据就会被舍弃，因此，所有展示的数据都是100%完整的。显然，对于特定行业、新兴业态，第三方调查机构会更加专业，但是采用第三方数据与投行内控指引相悖，监管部门是否认可也存在疑问。此外，这种调研的成本极高，资金成本、人力成本、时间成本，种种因素都会使投行不会这么去做。浑水的调研方法是再普通不过的尽职调查，在方法论上确实并无重大创新，他们极少运用复杂的估值模型去判断一家公司的价值，最朴素的方法往往是最有效的方法，调研的收获远远大于办公室里的数据处理。

我们在这里讨论该咖啡公司，无意墙倒众人推，而是想说明这种新业态、新模式、新技术下的公司，会不断考验传统券商直投及投行业务的能力边界。有些项目，容易让人陷入循环论证的误区，在循环论证中，论证的前提就是论证的结论，因此又称为“先定结论”，即在项目研判过程中，既没有证实，也没有证伪，只是用已有证据来循环解释脑海里预设好的结局。而能够证伪的，往往是最朴素的方法，比如项目调研中，暗访、蹲点、数人头，当然时间也可以证伪，很多事欲速则不达，这就是为什么张磊说投资需要做时间的朋友，需要尊重基本商业规律行事。抛开技术层面的分析不说，以模式创新为招牌的项目，其模式能否经得起时间的检验，是存疑的，因为模式创新也意味着这种模式不太稳定。

无论是注册制还是传统的核准制，尽职调查工作对于投资与投行的意义，就如地基对于一座大厦的意义。随着试点注册制的推出，更多的企业以市值、研发为标准上市（包括精选层），无疑给尽职调查工作增加了更多难度和不确定性，如何发现风险并找到价值，值得我们深入思考。

尽职调查工作一般分为几个部分，主要包括管理层访谈、财务调查、法律调查、背景调查等。投资业务的尽职调查存在一些共性的问题。一是尽职调查存在两种极端，一种是各种高端数据建模测算，最终以循环论证得出结论，这个项目可以投或者反之；另一种是免去一切程序正义，直奔现场，所见即所得，以最感性的方式得出决策依据。这两种都忽视了基本商业规律。二是投资机构内部制度的缺陷造成执行团队执业道德与专业性的冲突，或者还没上升到道德阶段。或许是利益驱使，或许是“面子”问题，让执行团队的决策与初心相背离，以至有意无意地隐瞒项目缺陷。三是对于背书有着一种潜意识的迷恋，高光的创业团队、某系资本的加持，都被认为是强力背书，这种项目的尽职调查，实际上违背了“程序正义”，留下了极大的风险缺口。

管理层访谈往往会给人造成错觉。一种错觉是“以貌取人”，有些时候我们过于感性，受表象所左右，而影响了判断。另一种错觉是企业老板太能“忽悠”了，以至于我们明明知道他在忽悠，但是并不觉得有问题，因为我们认为他可以找到“接盘侠”，这就和格雷厄姆说的最优价格论差不多，资产只要够便宜，就有博弈的机会。甚至也有著名投资人对于“忽悠”给出了较为正向的评价，说“忽悠”也是一种能力。财务调查往往失真度也比较高，以至投资的同人会说：我们关心的不是这个业绩数据是不是假的，而是假了多少。相比之下，投行 IPO 的尽职调查从客观情况和主观能动上，企业的配合度更高一些。法律调查、背景调查的可信度更高一些，这也是投资机构深耕行业的原因之一，除了深谙行业商业规律以及技术发展路径，还能与行业上下游供应商互动，可以通过行业内部人士了解标的真实情况，通过其供应商、客户了解更有价值的第三方信息。

总体来说，不必过分迷信浑水，我们需要思考的是，如何可以把投资、投行业务做得更加扎实。试点注册制已经到来，我们需要从现实逻辑出发，分析、解决问题，最后实现对现实以及其逻辑关系的改造与升级，让我们的业务系统更加匹配市场的变化，跟上时代的脚步。

（4）套利空间缩减，做时间的朋友。

蒙代尔曾经指出，资本自由流动、货币政策独立以及稳定利率是在金融开放过程中政府职能的不可能三角。投资的不可能三角，或许就是收益性、安全性和流动性，可能一线城市的房地产是个例外。而我们一直在寻求不可能三角中的可能路径，曾有一段时间，我们似乎找到了一个完美路径，就是 IPO 跨市场套利。

直投较为重视的外部因素包括宏观经济情况、金融环境和市场退出机制，而以往我们谈论最多的就是退出机制，通常指 IPO，当然也包括并购。在套利思维中，投资拟上市企业，通过 IPO 实现快速退出是不二选择。投资退出以获得资本收益，同时投行也可实现“退出”，以获得保荐承销费用。在这个过程中，甚至不需要去甄别行业、研判价值、以利润指标为本，只要其符合上市标准，那么几乎就是稳赚不赔的买卖。

投资是获取收益，投机是获取利润，这是根本性的差异。短时间的跨市场套利，不是投资，更像是投机。研究表明，从风投在 IPO 前持股时间长短和 IPO 解禁后是否立即减持的角度出发，选出 2009—2014 年创业板 IPO 公司中有风投机构支持的样本，运用均值 T 检验、多元线性回归和 Logistic 回归的方法，对风投的“快进快出”行为进行研究，发现在 IPO 前快进的风投更倾向于在解禁后迅速大规模减持，表现出明显的快出倾向。[①] 上述现象的原因之一，是原有的 IPO 生态中，跨市场套利存在着巨大的获利空间，而在试点注册制的背景下，在市场化发行定价的再度启航、引入券商跟投并锁定、严格退市标准等一系列举措作用下，以利润指标衡量企业价值、跨市场套利的简单逻辑将愈加没有市场。这必然要求券商直投、投行都需要加强行业深耕和价值挖掘，以更长远的眼光来看待企业发展，做真正的价值发现者，去赚企业成长的红利，而不要去“薅投资者的羊毛”。按照格雷厄姆的说法，如果你花掉 5 毛钱，买了 1 块钱的东西，那么即使是烂资产，市场也总会有一种神秘的力量，让你获得收益，我们

① 申泽宁：《风投“快进快出”的动因及其经济后果》，上海交通大学硕士学位论文，2018 年。

可以将其称为流动性，假以时日，当资产价格涨到 1 块钱时，你就可以迅速出手，获得盈利。那么格雷厄姆的标准就是，成本价格足够低、涨幅足够大就可以卖了。这种情况，我们通常称为“接盘游戏”，不是获得企业业绩增长带来的红利，而是博弈色彩很浓。我们不否认这种“神秘力量”的存在和有效性，但这并不应该成为主流形态。

在这一点上，监管政策也在进行适度引导，鼓励投资往前端走，同时疏导后端减持压力，比如证监会修订并发布《上市公司创业投资基金股东减持股份的特别规定》，上海证券交易所、深圳证券交易所同步修订实施细则，并于 2020 年 3 月 31 日起实施。一是简化反向挂钩政策适用标准，明确创投基金项目投资时满足“早期企业”“中小企业”“高新技术企业”三个条件之一即可享受反向挂钩政策，并删除基金层面“对早期中小企业和高新技术企业的合计投资金额占比 50% 以上”的要求。二是为激活大宗交易方式下受让方的交易动力，通过同步修订证券交易所实施细则，完善大宗交易环节反向挂钩政策，取消减持受让方锁定期限制。三是加大对专注于长期投资的基金优惠力度，允许投资期限在五年以上的创业投资基金锁定期满后减持比例不受限制。四是拓宽享受反向挂钩政策的适用主体，在中国证券投资基金业协会依法备案的私募股权投资基金参照适用。

阿里巴巴、京东、微博、爱奇艺、美团点评等内地公司采用了不同股票权架构在美国上市或中国香港上市，这些企业的发展成果流失海外，国内的投资者并不能参与其中。是因为国外的月亮更圆吗？并不是，而是彼时国内上市审核机制无法有效对接其需求。科创板审核重点转变，弱化“牌照通道”效用，必将推动现代化投资银行转型发展，以更好地服务新经济，券商充分利用公司金融资源，为科创企业提供长期的组合支持，与企业分享产业运营经验，形成投后管理和投行增值服务特色，并为企业在融资并购、研发支持等领域提供参考建议，或许是在新的生态下，我们更应该做的。

随着未来通道红利的持续弱化，券商内部需要以风控为前提，建立多业务协作体系。保荐机构在承担“守门员”把关责任同时，结合市场化询价可出资跟投，对投行的资源储备、综合研究能力、投资的资本实力提出新挑战，那么券商需要打破现有同质化竞争格局，加速打造直投、投行、研究、经纪、做市等多业务协作体系，打造品牌。未来，科创板将趋向于机构市场，机构客户质量与黏性也将成为投行的核心竞争力之一。

奥地利经济学家熊彼特最早提出了企业家精神的理念，他认为创新是经济发展进步的核心动力，市场经济长期活力的根本在于创新，而创新则来自企业家精神，来自企业家重新组织资源开发新的产品、创造新的生产过程。或许这套理论同样适用于投资与投行业务，金融中介和资本方同样需要企业家精神，只有具备了这样的精神要素，才更有可能发现真正有价值的人和公司。

总之，投资的智慧如同渡河之筏，没有智慧不行，以智慧为有所得、有所恃也不行。真正有智慧的人，不会把智慧之皮毛当成有所得、有所恃。其实就是实事求是，看起来简单至极，但能做到却弥足珍贵。

2. 机构与散户

根据上海证券交易所统计口径，A 股投资者分为个人投资者、一般法人、境内专业机构、沪港通四大类。《上海证券交易所统计年鉴》数据显示，1992 年开户总数 111.2 万户，其中自然人 110.5 万户，机构 0.7 户；2018 年开户总数达到 21447.8 万户，其中自然人 21379.0 万户，机构 68.8 万户。可见 A 股市场中个人投资者依然是流动性的主要贡献者。

截至 2018 年年底，自然人持股市值 45506 亿元，占比 19.62%，持股账户数 3851.49 万户，其中持股市值 50 万元以下的市值占比 4.75%，户数占比 86.92%；专业机构持股市值 32279 亿元，占比 13.92%，持股账户数 4.54 万户，户数占比

0.12%。由此推算，依据科创板对于个人投资者设置的50万元投资门槛，约85%的个人投资者被排除在外，从这个角度看，50万元的投资门槛对科创板市场的投资者结构将产生重要影响，机构投资者或将成为主导力量，更有利于引导投资人的长期投资行为。

回顾过去几年的情况，我国个人投资者持股市值占比持续下降，自2015年的25.18%下降至2018年的19.62%，未来可能将进一步下滑。总体来看，个人投资者持股市值持续下降，投资者结构明显向机构化持股转变。

反观海外市场，1990—2017年，美股机构投资者占比数据持续上升，近十年维持在60%以上的水平，远高于个人投资者。大致来看，越是发达国家，机构持股占比越高。

中国老百姓投资股市的动机大多是投机，并不是以财富管理为目的，这与美国有一定差异，正如美国金融的核心是资本市场，而在中国，应该说是银行系统起着基石作用。中国是典型的“散户市”，而美国是“机构市”，一方面，这当然与资本市场的发展阶段有直接关系；另一方面，由于家国文化不同，财富理念差异，中国的财商教育没有美国那样普及，无法通过简单对比人们的投资行为而得出市场结构孰优孰劣的论断。比如中国人喜欢买房子，因为自古以来中国老百姓都是以地为本、以商为末，只有自己直接持有土地，才能获得安全感，就连形容贫穷也是与房子有关，“上无片瓦遮身，下无立锥之地”。在投资方面，或许中国老百姓就是喜欢自己持有，而非委托代理。

（1）理性比感性更稳定吗？

借用王东岳先生的一句话：“可以说理性比感性更真实，但不能说理性比感性更可靠。”高端精密逻辑模型往往需要实证来检验，因此人们把科学叫实证科学。实证和证明不一样，证明是通过科学逻辑，而实证是通过感性验证。人类与世界沟通的方式，是通过广义逻辑自洽模型进行，如果通过了高端精密模型证明，而没有通过底端的感性逻辑验证，那么底层无法验证，广义逻辑通道没有打通。可以说，越原始、越底层的东西越具有奠基性、稳定性、可靠性。所以，我们或许不能随意下结论，认为更理性的专业机构更加稳定可靠，而“原始”“底层”的个人投资者就不稳定、不可靠。

机构投资者与股市稳定没有必然的联系，即使在市场的产品结构和交易制度等要素给定的情况下，不同的投资者结构中机构投资者比例的增加既可以增加股价波动，也可以减少股价波动。关于机构投资者对股价波动影响的实证研究结论有两个方面。一是支持机构投资者稳定价格波动。Cohen、Gompers 和 Vuolteenaho 运用交易数据研究发现机构投资者通常会买入具有正现金流的股票，而在没有信息导致的价格增加中，机构将股票卖给个人投资者，因而机构投资者的行为使股价向其价值回归，起到了稳定股价的作用[①]；Barber 和 Odean 发现美国的个人投资者喜欢买卖那些交易量或价格变化出现异常而且被媒体关注的股票，而机构投资者则没有这样的行为，因此在这种情况下，机构投资者可能起到了稳定股价的作用[②]；Bohl 和 Brzeszczynski 运用波兰的数据证明了机构投资者持股比例的增加，会减少股票指数收益的自相关性和收益波动，因而起到了稳定股价的作用[③]。二是支持机构投资者增加股价波动。这方面的研究也有很多，例如，Sias、Starks 和 Titman 发现机构投资者的交易对价格产生的影响是造成其持股数量变动与收益正相关的主要原因[④]；Sias 以 1977—1991 年纽约证券交易所所有上市公司为样本，分析了股价波动与机构投资者持股比例的关系，在控制公司规模的情况下，机构投资者持有比例与股价波动存在正相关，并且进一步得出机构投资者持有比例

① Cohen R B, Gompers P A, Vuolteenaho T. Who underreacts to cash - flow news? Evidence from trading between individuals and institutions. Journal of Financial Economics, 2002 (66): 409 - 462.

② Barber B M, Odean T. All that glitters: the effect of attention and news on the buying behavior of individual and institutional investors. EFA 2005 Moscow Meetings Paper, 2005, http: //ssrn. com/abstract = 460660.

③ Bohl M T, Brzeszczynski J J. Do institutional investors destabilize stock prices? Emerging market's evidence against a popular belief. Working Paper, 2002, http: //ideas. repec. org/p/hwe/certdp/0501. html.

④ Sias R W, Starks L T, Titman S. The price impact of institutional trading. 2001, http: //ssrn. com/abstract = 283779.

的增加导致了股价波动的增加[①]；Chang 和 Dong 运用日本 1975—2003 年的数据，得出了机构投资者的羊群行为与公司股价的特异性波动具有显著的正相关性[②]。

到底是个人投资者还是机构投资者存在羊群效应和正反馈交易现象，从而导致市场的不稳定，两种声音都有，但大众普遍认为个人投资者更容易追涨杀跌。个人投资者与机构投资者的主要区别在于获取市场信息的能力不同。机构投资者能够实时获取并分析海量的资讯与数据，从而对金融资产的潜在价值做出相对准确的判断，并以此为依据进行交易，可以有效提升市场定价效率。由此看来，专业机构的能力建设、投资产品的种类丰富以及资产端的供给调整，是我国资本市场投资者结构调整的动力所在，短期内可能不是由一端迅速转向另一端，而是不同市场板块匹配不同类型的投资者，因地制宜方能长久。

（2）衍生品工具与市场成熟度、稳定性。

注册制需要更加成熟、稳定的投资环境，这由其资产供给和制度配套特点决定。培育成熟、稳定的资本市场，让市场在资源配置中起到决定性作用，除了对投资者结构进行适当调整，吸引

---

① Sias R W. Volatility and the institutional investor. Financial Analysts Journal, 1996, Mar/Apr: 13 – 20.

② Chang E , Dong S. Idiosyncratic volatility, fundamentals and the institutional herding: the case of Japan. Financial Management Association Conference, 2004.

长期资金入市，也需要配套更多的衍生品工具和风险对冲工具。

全球衍生品市场空间大、增速快，股票股指期权是重要的场内产品。借鉴全球衍生品的长期发展经验，股票股指期权产品作为全球主流金融产品，对维持中国资本市场平稳具有重要意义，并将加速引入长期资金。丰富的衍生品对冲工具是外资指数基金扩容和扩大养老金入市程度的客观前提。养老金大国权益投资比重超过30%，而中国权益投资比重仅为3%，同时，缺乏有效的风险对冲工具也是海外指数基金进入A股的障碍之一，随着对冲工具的丰富，未来养老金、海外资金将逐步增加入市比例。

目前，我国场内金融期货主要有沪深300股指期货（2010年4月16日上市交易）、上证50股指期货（2015年4月16日上市交易）、中证500股指期货合约表（2015年4月16日上市交易）等。2015年2月9日，上证50ETF（交易型开放式指数基金）期权于上海证券交易所上市，是国内首只场内期权品种，这不仅宣告了中国期权时代的到来，也意味着我国已拥有全套主流金融衍生品。

沪深300指数有A股“晴雨表”之称，是具有市场代表性的宽基指数，以其为标的的沪深300ETF是投资者投资中国最为有效、方便的选择之一。沪深300指数具有市场价格揭示功能，是反映市场整体走势的重要指标。2018年，多数公募基金的投资理念由主动管理型向被动指数化投资转变，2018 年股票型 ETF 规模约 3372 亿元，股票型 ETF 规模在 A 股市场下跌的情况下逆市增长 172.61%，一年的数据无法反映趋势，但是指数基金产品将为中小投资者提供分散化投资的通道，也扩大了市场中机构投资者的阵容。与之对应的衍生品工具也已亮相市场，2019 年 12 月 23 日，沪深 300 股指期权的上市，进一步满足了市场对避险工具的需求，对完善资本市场风险管理体系、更好地服务资本市场发展具有重要作用，这是股票股指期权市场又一重大突破，期权标的覆盖面更大、结构更加均衡，投资者将获得更丰富的投资工具并借助多样化的投资策略提高风险防范能力，有助于激发市场活力、吸引长期资金入市，并为券商带来增量盈利。

众所周知，2015 年中国股市经历了自 2007 年以来最大幅度的一次波动，也有研究认为是 1990 年中国股市建立以来第一次真正意义上的市场化危机。沪深 300 股票指数从 2015 年年初开始一路上扬，6 月 12 日盘中一度最高达到 5178.19 点，但随后行情突变，股指断崖式下跌。有学者对 2015 年沪深 300 股指期货与股票指数的期现价格互动关系进行回溯性研究，结果显示沪深 300 股指期货已具备完善的价格发现功能；常态下，价格发现是一个期现市场价格信息双向互动的过程，期货市场贡献较大权重；异常波动事件的发生削弱了现货对期货价格的反馈机制，使期货市场价格信息主导价格发现，造成市场微观结构失衡，助长异常波动的蔓延；股指期货交易限制性措施通过抑制期货市场上的过度投机，实现了市场微观结构的再平衡，阻止了股市异常波动的进一步扩大。由此可见，拓展金融衍生品交易种类、使股指期货市场健康发展，有利于促进资本市场进一步的成熟、稳健。

（3）旧事映射新知。

美国资本市场投资者结构经过近一个世纪的演变，已从个人投资者主导发展为机构投资者主导。美国资本市场起步之初，也是以个人投资者为主导。根据美联储数据，第二次世界大战前美国家庭持有股票总市值占比超过 80%，随着 20 世纪 80 年代初 401K 计划的推出，以及公募基金的发展，美股市场逐步形成以机构投资者为主导的市场结构，新千年之后外资跑步入场，且金融危机给家庭投资者带来较大冲击，个人投资者比重进一步下滑。

描述股市投资者结构的数据来源有多种，且 A 股与美股存在统计口径上的差异，因此，两地的数据需要将口径调整至一致才能进行比较。以总市值口径来看，2018 年年底，美股市值中 Household Sector（散户、自然人及非营利型组织等）持股市值占比为 37.6%，政府及其他占比为 5%，机构投资者为 57.4%（其中，较大的机构投资者如共同基金及 ETFs 占比 29%、外资占比

15%、养老金等险资占比12%）。A股中个人投资者持股市值占比为19.62%，专业机构占比只有13.92%，可见A股中机构投资者持股占比明显低于美股。

同时，A股市场双向开放程度较低。近年来我国一直在推进金融市场开放，从境外投资者持股市值占比来看，比重仍然偏低，不足1%，与美股市场的15%差距较大。与我国台湾地区和韩国股市相比，我国台湾地区1983年开放资本市场，台股中外资持股占比从1997年的9%上升到2018年的38%；韩国1981年开放资本市场，外资持股占比从1997年的15%上升到2018年的32%，外资占比均远大于A股。可见，A股市场境外投资者持股占比有较大提升空间。

我国机构投资者结构和韩国、日本较为接近，根据2018年数据，韩国投资基金、保险公司、养老金规模分别占GDP比重为33%、69%、11%，合计为113%；日本的合计值达158%；我国投资基金、保险公司、养老金规模分别占GDP比重为14%、20%、8%，大幅度低于韩国、日本。美国养老金及保险类资金合计40万亿美元，为美国当年GDP的两倍；我国养老金及保险类资金只有24万亿元，GDP占比约30%，且入市比例只有10%，因此，我国保险类资金不管在绝对规模还是入市规模上均有较大的提升空间。

从全球来看，前20大资产管理公司中有8家是银行系。银行理财子公司是机构投资者中不可忽视的新增力量。我国2018年银行理财资金余额为32万亿元，但是其中投向股票的比例不及2%，入市比例也极低。随着银行理财子公司系列新规的出台，各银行陆续设立理财子公司，未来将发行银行理财公募产品。相比于表内理财，公募理财销售门槛大幅降低、无起购点且允许直接投资股市，银行理财规模和持股比例有望进一步上升。

从资产端来看，美股与A股市场上市公司行业分布差异较大，将A股与美股中的所有个股按照11个一级行业划分为周期（包括能源、材料、工业、公用事业、地产）、消费（包括可选消费、日常消费、医疗保健）、科技（包括信息技术、电信服务）、金融四大类后，从市值占比角度看，A股中周期、金融股占比高，消费、科技股占比低。截至2019年，A股中科技股市值占比为10%左右，而美股中科技股市值占比约为30%。从利润占比角度看，A股中金融股的利润贡献超过60%，科技股利润贡献占比不到5%；而美股的结构更加均匀，金融、周期、消费、科技四大行业股的利润占比相差不大。A股市场结构失衡与过分倚重财务标准的发行制度有一定关联。A股发行制度更强调财务指标，而美股则更加灵活。在需求扩张驱动的传统盈利模式下，周期股往往业绩靓丽，更易满足核准制下新股发行制度的盈利要求，从而导致 A 股周期类上市公司数量和融资金额更多。

试点注册制的推出将使得 A 股市场结构更加合理，对资本市场发展和产业结构调整都将产生深远影响，真正实现多层次资本市场对实体经济的支撑，在支持中小微企业的发展方面，精选层亦功不可没。试点注册制下的资本市场将极大满足科创企业在不同生命周期的融资需求，为中国新经济科技企业寻求融资提供了本土途径。

结构调整需要价格信号的激励，没有激励的结构调整是步履维艰的。当然，结构调整也需要遵循市场规律，哈耶克论述市场经济资源配置的效率来源于分散信息通过价格机制的有效使用，其本质就是市场在资源配置中起决定性作用。机构也好，散户也罢，敬畏市场、尊重规律，放开不必要的管制，市场终究会去该去的地方。

三、他山之石，可以攻玉

创新创业是中国经济增长的新动力，资本市场则是推动创新创业企业快速成长的平台。作为资本市场重要参与者的证券公司和投资银行，更应为创新创业企业服务。但目前传统证券公司的管理模式、业务体系并不适合为创新创业企业服务，这一点已经被实践证明。

投行是夹在监管部门、企业、大金主、市场中小投资者之间的角色，要在方方面面的利益羁绊下达成平衡、完成工作，难度可想而知。如果不改变监管思路、体制，不改变服务企业的结构，投行不可能实现自我改变和进化。

强势的监管可能导致循规蹈矩的经营思路和业务模式。作为业务执行者，投行一直都是最主要的被监管对象，鲜有跟监管部门叫板的事情发生，更不用说形成与监管部门的博弈关系。一旦服务的项目出问题，或市场出现非正常波动，投行首先遭殃。在信用体系没建立起来的情况下，中介机构尽职调查的难度也很大，能做好的就是执行程序、勤勉尽责。更要命的是，决定企业能不能上市、能不能融资的主体不是投行，但出了问题，投行和中介机构要承担大部分责任，正是因为承担了过多的责任和义务，投行不得不小心翼翼、如履薄冰地把满足监管要求放在第一位，难有创新。

垄断竞争的市场结构和有限的业务来源也使投行业务同质化，注重短期利益。虽然只有100多家持牌投行，但上市公司、符合上市条件的公司、可以服务的公司也并不多。因此，友商之间的竞争非常激烈。为了拿到业务，不仅要有专业、经验、资历、资源，很多时候更要利益勾兑，让中介机构的专业性和职业道德备受批评。我们不禁要问：投行的未来在哪里呢？

中美贸易战及中兴、华为等事件将对自主可控的科技创新的重视提高到了前所未有的程度，无论是政府，还是民意，都意识到拥有自主的、强大的科技能力和科技企业才是真正的大国崛起之道。国家发展需要科技企业，人民的美好生活需要科技企业，而科技企业需要资本市场的支持，需要券商提供更专业、及时的支持和服务。多层次资本市场建设，科创板推出，创业板改革，注册制又得以推进。在建设科技强国、支持硬科技企业发展成为自上而下的共识的情况下，如何发现、服务好硬科技企业，可能决定了券商的未来。

科技企业的发展需要资金，尤其是早期投资。尽管大多数券商都有投资公司，但真正介入早期投资的非常少，券商的投资阶段往往集中在 B 轮以后或 Pre - IPO（上市前）阶段，而 B 轮或 Pre - IPO 阶段的企业，已进入快速成长期或成熟期，对投资和投资人的依赖程度大大降低。正因为风险低、退出预期明确，投资 B 轮及 Pre - IPO 阶段的投资机构非常多，券商系投资机构并没有优势，项目融资份额的竞争非常激烈，导致估值偏高，往往带来一、二级市场价格的倒挂。券商融资渠道多，也不缺人才，如果可以介入早期投资，提高风险容忍度，不仅可以带来高收益，也可以与企业建立起信任关系，规避保荐业务的风险。

科技企业需要规范经营，有明确的上市或并购重组预期。券商具备指导企业规范内控、合法合规经营的能力，这是券商独有而投资机构并不具备的优势。科技企业的创始团队大多受过非常好的专业教育，有相对正确的道德观和价值体系，思维更加开放包容和国际化，习惯公平平等、专业分工与合作，因此更加重视专业机构的服务并乐意为这些服务付费。

同时，在经历多轮融资后，不管是出于机构压力还是公司正常发展的需要，科技企业都会较早地进行资本市场规划，这就是券商的业务机会。不妨做个比较：一方是规模大、接近现有 IPO 标准的企业，但经营不够规范、历史问题较多，从券商介入到完成 IPO，差不多要 4～5 年时间；另一方是规模尚小，但发展潜力大的科技企业，在 A 轮融资结束后，券商指导企业的内控制度建设，引导和督促企业按照上市标准规范运营，做好准备，到企业完成上市差不多也是 4～5 年时间。辅导潜力型科技企业，券商花费的时间和精力并不比规模大的成熟企业更多。即使从风险角度讲，刚过创业期的科技企业还面临生存风险，可能无法如期上市，努力白费；但规模大的企业上市折戟的事件也数不胜数。是否服务早期科技企业，是券商业务思路的转变问题。

科创板及注册制后的创业板严格的信息披露要求券商不得不做业务转型，抛弃以往的搞定监管机构的套路，转向面向市场、与企业一起进行严格、通俗易懂的信息披露。科创板对信息披露的严格要求达到了前所未有、事无巨细的程度，所有信息上网公示，全市场都在参与发行人的审核，这不仅是注册制的前期准备，也可能是监管思路的重大转变。严格信息披露，尽最大努力做到信息披露的充分、公开、透明、通俗易懂，把对发行人的价值判断交给全市场，这就是成熟资本市场的规则。虽然大大增加了发行人、中介机构的工作量和压力，但也对券商的保荐工作提出了新的能力要求，不仅要合法合规，更要对发行人所在行业的特征和发展趋势、发行人的业务逻辑、技术水准、竞争状况、投资价格等有清晰的判断，还能用普通投资者可以理解的语言披露出来，而这绝非一日之功。如果券商不及早介入科技企业的早期发展阶段，很难在短期内理解企业的发展逻辑、技术水平并清晰地表述出来。

服务好科技企业需要券商业务板块的打通，也需要从业人员结构的调整。保荐、行研、投资业务要紧密结合、一体化，才能完成对科技企业的辅导、服务和价值判断。更要紧的是，券商从业人员中法律、财务背景出身的人员偏多，合法合规能力远胜于价值发现能力，技术背景、有企业管理经验的人员不足，直接影响了券商的价值发现能力，而价值发现能力才是资本市场的首要功能和核心价值。我们经常看到的是，企业到了 Pre－IPO 阶段券商才介入，这不是引领价值发现。科创板的推出可能会改变这一状况。

有一个不一定可靠的预期：券商控股权不仅向外资放开，在不远的将来可能也会向本土投资机构开放。一是可以实现投资—投行业务的统一、一二级市场估值的联动，让估值更加合理；二是从投资角度开展投行业务可以产生鲇鱼效应，推动传统券商业务转型；三是投资机构控股的券商还可以根据控股股东的投资风格和产业偏好，开展聚焦的精品投行业务，实现差异化发展。

不管是主动转型还是政策驱动下的被动转型，作为资本市场建设的主力，健康的资本市场应该服务什么样的企业，券商就应该服务什么样的企业；国家发展、社会进步、人民美好生活需要什么样的企业，券商就应该服务什么样的企业。

新型投行华兴资本成长之路

华兴资本集团（简称华兴资本）成立于2005年，专注新经济15年，2018年在港交所主板上市，目前已经成长为拥有私募融资、并购、证券发行与承销、证券研究与交易、投资管理的全业务平台，在中国香港及内地、美国拥有证券业务牌照，在北京、上海、香港、纽约设立分支机构，拥有600多名海内外员工。

成立15年来，华兴资本完成1068笔交易，交易金额达1509

亿美元，资产管理规模 49 亿美元。投资银行累计服务近 800 家新经济企业，覆盖新经济所有细分行业，从初创期就陪伴和帮助新经济企业成长。中国排名前 20 的互联网公司中有 15 家是华兴资本的客户，独角兽客户占中国独角兽总市值的 56%。

同时，华兴资本还主导、推动了新经济企业的合并、重组，重塑了产业格局，引领新经济发展趋势，如美团与大众点评的合作，改变了产业格局的演进；滴滴和快滴合并，成为中国最大的出行服务提供商；猫眼和微影时代合并，稳居市场龙头地位；58 同城和赶集网合并，成为中国最大的本地生活信息服务商。

华兴资本之所以取得这样的成绩，得益于其以研究为驱动，通过独创的全周期、跨地域分析视角，形成了对新经济深刻的洞察力。华兴资本独有的数据平台，可以借助技术手段持续开展数据挖掘、追踪和沉淀，基于丰富的数据资源和高级分析工具识别市场趋势，据此形成对行业的洞察和对客户的理解。华兴资本的研究团队分布在中国内地及香港、美国，打破了地域界限，覆盖全球范围内优秀的新经济上市与非上市公司，以及一级和二级市场；研究领域覆盖移动互联网、消费、科技、医疗健康、金融、物流与供应链、汽车、文娱、教育、房地产服务等，并向更多的新领域拓展。

华兴资本拥有业内最大的新经济投资人网络，覆盖一二级市场、横跨中美；对接4000家以上机构投资者，覆盖主权基金、私募基金、共同基金、对冲基金、金融机构、大型企业、QFII、QDII等；与主流私募基金、互联网巨头、公募基金都有长期稳定合作关系；同时，与境内外新经济领先企业保持密切业务关系，深刻理解企业的战略布局思路。

华兴资本具有为企业提供早期融资、成长期融资、并购服务、结构化融资、首次公开发行、非公开发行/增发、二次增发、并购重组、债券发行、私有化及其他增值服务等企业全生命周期产品的能力，可以成为企业长期的资本市场合作伙伴。以京东和美团为例，华兴资本从2011年6月提供第一次9.6亿美元融资服务开始，到2019年5月，累计协助京东完成88.3亿美元融资；2012年8月，协助美团D轮融资6400万美元，到2018年9月，累计为美团融资86.64亿美元。

通过十几年的积累，华兴资本具备为客户提供创新性、多元化的金融服务的能力，形成了完整的金融产品链条。投资银行业务有三大业务板块：顾问服务包括私募融资顾问和并购顾问，私募融资顾问主要为初创期、成长期和成熟期企业服务；股票承销业务包括公开/非公开发行和配股；证券交易与经纪业务包括研究业务和证券交易与经纪业务。

自2005年成立以来，各项投行业务均取得市场领先地位，新经济私募融资交易金额连续 14 年位列市场第一，累计完成 604 亿美元交易金额；在 2015—2018 年新经济领域前十大并购交易金额中占比 46%，完成交易金额 570 亿美元；2013—2018 年中国新经济企业海外 IPO 承销案例数位列第三，完成交易金额 317 亿美元。

正如包凡所说，华兴资本的核心竞争力是吸引到了、留住了、培养了优秀的人才。做到这一点，就是要靠激励机制和企业文化。激励机制让人有钱赚，企业文化让人在有钱赚的同时感觉干得爽。做投行最大的敌人是贪婪，不是所有的钱都可以赚，不该赚的钱不要赚，能赚的钱少赚一点，要想长远发展，一定要控制贪欲。投行的核心价值并不是掌握的资源，也不是帮助企业专业地融资，而是品牌带给客户的信任。

作者简介

周文地　中山证券有限责任公司另类子公司总裁。16 年证券公司投行从业资经历，先后在东莞证券、平安证券、中山证券担任投行事业部董事总经理、做市商业务部总经理等职务，为上百家拟上市及上市公司提供投融资及财务顾问服务，具有较为丰富的资本市场运作经验和宏观经济视野。

杨健飞 中山证券有限责任公司企业融资部业务董事，投资主办人。近10年投资银行从业经历，为数十家中小企业提供股权投融资及财务顾问服务，参与数家IPO、再融资的发行承销工作，具备较为丰富的投资银行承销业务经验及股权投融资业务经验。

段　鸿 中山证券有限责任公司另类子公司深圳锦弘劭晖投资有限公司运营总监。清华大学博士后，8年企业管理研究经历，7年证券公司投资经历，5年创业经历，先后参与中国式管理课题组大型调研、中关村国际人才港建设方案的撰写工作，为40余家拟上市及上市公司提供融资及战略顾问服务，具有较为扎实的研究基础和企业管理实践经验。

03 大变局时代孕育的大投行模式

——对科创板试点注册制及跟投的思考

田爱华

这一届的中国资本市场论坛，是格外值得纪念的一届。

论坛前夕，程前主席找到我对我说：二宝，今年的论坛，你主持个话题吧，也算是一份回归的礼物。三年多前，我被一篇《投资应该是人生最后一份职业》的文章鼓舞，斗志昂扬地投身到私募股权投资的创业中去，重回奋斗了十五年的投行资本市场，仍然十分幸运地蒙受着“大姐大”最真诚的关照。“大姐大”说她即将到新战场——股权投资，因此这可能是她最后一次召集论坛，我亦借此文奉上一份送别的礼物，感恩她多年的关爱，也与同行分享一点个人的心得。我就从科创板跟投这样的一个与投资相关的小话题谈起，努力从一个从业者的角度讲述感受到的市场和变革，跟大家聊聊投行投资化和投资投行化的思路，以及对当前的资本市场、大变局下大投行模式发展的思考。

一、科创板试点注册制，券商跟投试水

2019 年 7 月，科创板开板并试点注册制，资本市场的一场被期待已久的变革拉开序幕。

尽管被预测和推演了无数次，资本市场的注册制改革还是以大家意想不到的方式开启，而我们，置身其中，践行，也不断内观。

说到多年来 IPO 发行市场的特点，研究报告形式化严重、券商定价职能虚设、实质性承销能力弱，多数情况下打新成为无风险收益，一定程度上扭曲了资本市场价值发现与资源配置功能的发挥。而“三高”发行则是 A 股市场化改革的一个痛点，痛入骨髓。我们都不会忘记 2010 年市场化发行时百倍的市盈率神话曾给资本市场带来的伤害。科创板实行注册制改革，打破了 23 倍市盈率发行上限，各方也担忧“三高”发行死灰复燃。为了避

免券商推高发行价，上交所制定了《科创板股票发行与承销业务指引》，规定参与跟投的主体为发行人的保荐机构依法设立的另类投资子公司或者实际控制该保荐机构的证券公司依法设立的另类投资子公司，使用自有资金承诺认购的规模为发行人首次公开发行股票数量2%~5%的股票，具体比例根据发行人首次公开发行股票的规模分档确定，一共分为四档，跟投股份的锁定期为24个月。这样的制度安排在于把券商的利益和定价以及未来股价走势绑定在一起，希望以此遏制承销商推高发行价获得更高承销保荐费用的冲动。其初衷是好的，然而真的能达到目的吗？

A股的IPO发行是“皇帝的新装”，都说保荐机构（主承销商）的职责之一是定价，殊不知这么多年，大多数券商几乎没有过真正意义上的估值定价，发行价的形成只有两种方式：一种是默契的23倍上限，另一种是政策放开下根据市场情绪炒出来的。所以，制度一出，就有同行吐槽：“这样跟投是要把承销费都亏光吗？”“在当前的环境下，大家都只能随波逐流，也只能按要求乖乖跟投。”很多中小券商内部也涌现出各种声音，保荐机构的另类投资子公司也第一时间与投行撇清关系：“我们只做通道，风险和收益都由投行自担！”

所以，科创板跟投对券商来说，究竟是一个增收的机会还是风险大坑，成了问题的核心和关键，值得大家思考。

把事情放在一个大的逻辑里来看，时至今日，在孕育着大变局的国际形势下，A股经历了2016年和2017年的熔断去杠杆，2018年大股东股权质押爆仓、商誉大幅计提，2019年的贸易战，2020年新型冠状病毒肺炎疫情及其衍生的全球金融危机和经济危机，可以说是完成了相对比较彻底的出清，我们所处的资本市场恢复到了一个相对比较健康的状态，这个底部夯实的过程越曲折跌宕，未来就会越美好。而在这样的一个时点，以科创板这样一个全新的板块来开启注册制，匹配中国经济进入新旧动能转换的历史阶段，服务于国家战略，将促使我国新一代信息技术、高端装备、新材料、新能源、节能环保以及生物医药等高新技术产业和战略新兴产业获得长足发展，这也必将会成为一个里程碑式的起点。

在职业生涯里，我有幸做了几年的股权投资，所以在刚刚推出科创板，资本市场部的同事们吐槽跟投政策的时候，我心里只有无尽的艳羡。科创属性的朝阳行业、自家投行摸得清底色的企业、确定的上市退出路径、市场化的估值、明确的二年退出周期、自己可能能够影响的定价、2%~5%的规模，以及几乎完全被承销费覆盖，可以理解为发行人以股份支付部分承销费，没有募资压力，不需要去说服LP（有限合伙人）和投资决策委员会，还有比这更确定、更有吸引力、更容易做的投资吗？更何况还是在这样一个 A 股相对健康的大底部背景下，券商理应当仁不让地将跟投损益揽入囊中。投行在股权类的融资发行中，以践行销售最多的品种非公开发行为例，择时永远是比择票更重要的，若日后回望这一段历史，科创板的跟投政策无疑是监管层送给券商们的一个丰厚的大礼。

Wind（万德）统计数据显示，截至 2020 年 4 月 10 日已有 96 家公司在 A 股科创板成功上市，其中 33 家券商跟投子公司参与了跟投，共计 98 家次参与［其中虹软科技和心脉医疗为联席保荐承销项目，联席保荐机构（主承销商）均参与跟投］。子公司跟投参与次数超过 5 次的券商共有 7 家，分别为中金公司（13 次）、中信建投（11 次）、中信证券（9 次）、广发证券（6 次）、国泰君安（6 次）、国信证券（6 次）、华泰联合（5 次），头部效应明显。

33 家券商跟投子公司合计跟投金额达 424773.09 万元，截至 2020 年 4 月 10 日收盘，合计浮盈高达 393972.74 万元，其中浮盈最高的为中金公司，最新浮盈为 86931.71 万元。浮盈超过 1 亿元的券商排名依次为：中金公司（跟投 13 次）、中信证券（跟投 9 次）、国泰君安（跟投 6 次）、中信建投（跟投 11 次）、国信证券（跟投 6 次）、海通证券（跟投 2 次）、民生证券（跟投 4 次）、华泰联合（跟投 5 次）、光大证券（跟投3次）、招商证券（跟投3次）、南京证券（跟投1次）、华菁证券（跟投1次）、广发证券（跟投6次）。不难看出，券商跟投参与次数越多，浮盈就越多。也有如南京证券和华菁证券分别保荐的南微医学和心脉医疗，虽只跟投一个项目，但浮盈也超过1亿元。

当然，券商跟投子公司参与科创板跟投同样避免不了暂时出现的浮亏，出现浮亏的券商分别为瑞银证券和英大证券。瑞银证券和英大证券分别参与了保荐及跟投科创板公司昊海生科和卓越新能，分别暂时浮亏886.25万元和679.20万元，昊海生科和卓越新能也分别是瑞银证券和英大证券截至目前唯一保荐成功上市的科创板项目。

具体就项目来看，Wind统计数据显示，截至2020年4月10日收盘，券商跟投子公司跟投浮盈最高的项目是金山办公，保荐机构为中金公司，该项目浮盈高达38680.76万元。除金山办公外，跟投浮盈超过1亿元的项目还有：中微公司（海通证券跟投）、澜起科技（中信证券跟投）、华润微（中金公司跟投）、南微医学（南京证券跟投）、乐鑫科技（招商证券跟投）、安恒信息（国泰君安跟投）、心脉医疗（国泰君安和华菁证券跟投）。而目前跟投浮亏的项目全市场共有6个，分别为杰普特（中金公司跟投，浮亏22.17万元）、新光光电（中信建投跟投，浮亏

42.01 万元)、中国电研(中信建投跟投，浮亏 144.76 万元)、卓越新能(英大证券跟投，浮亏 679.20 万元)、昊海生科(瑞银证券跟投，浮亏 886.25 万元)、久日新材(招商证券跟投，浮亏 967.31 万元)。

跟投结果显示，截至目前，券商科创板跟投整体盈利，并且收益不菲，绝对金额几乎与承销费相当，整体平均的年化收益率翻倍。头部券商因为保荐的项目明显更多，因此浮盈会更高。但从南京证券和华菁证券的成功案例来看，如果项目行业好(南微医学和心脉医疗均在医疗器械行业，细分行业本身平均市盈率较高)、业绩优(南微医学 2019 年度扣非净利润 27685.19 万元，同比增长 58.02%；心脉医疗 2019 年度扣非净利润 12132.45 万元，同比增长 44.92%)、首发估值相对定价合理(南微医学首发市盈率 39.92 倍，心脉医疗首发市盈率 39.75 倍，均略高于发行当时的 C35 行业平均市盈率 31.92 倍)，项目依旧可以有较高的浮盈水平，亦可以说明科创板市场中投资者更加认可行业前景好、业绩增长稳定的价值投资标的，对于这类项目，投资者会给出更高的估值。相反，如果项目本身所处行业一般，业绩未能实现较高增长，或者首发时定价明显高于行业平均市盈率，均将极大地压缩上市后股价的上涨空间，从而增加破发的可能性。

当然，防范跟投浮亏始终是悬在投行头顶的达摩克利斯之剑，督促投行尽力合理定价，表3－1为截至2020年4月10日的破发案例情况统计，杰普特、新光光电和昊海生科上市当年业绩即出现下滑，发行市盈率明显高于行业平均市盈率；中国电研、卓越新能和久日新材科创属性偏低，发行市盈率明显高于行业平均市盈率。随着证监会3月20日发布的《科创属性评价指引（试行）》出台，此影响科创板定价的因素将得以减少。

AH股价差问题也值得关注。目前科创板中同时在AH股上市的公司共有2家，分别为昊海生科和中国通号。两家公司均存在较高的AH股溢价，昊海生科A股溢价率高达184.57%，中国通号A股溢价率则约为78.30%。目前昊海生科已跌破发行价，中国通号自上市以来也曾破发，可见过高的AH股溢价容易导致破发，如表3－2所示。

截至2020年4月10日，科创板企业发行市盈率平均在58.34倍（以上市日期为统计口径），远高于核准制下主板、中小板及创业板的不超过23倍的发行价，而同期二级市场同行业市盈率水平，科创板整体板块估值为所有板块中最高（剔除负值或数值大于500的股票），如表3－3所示。

表 3－1 科创板破发股票情况统计

证券代码	证券简称	所处行业	行业平均市盈率	发行价（元）	发行市盈率	收盘价（元）	涨跌幅
688025. SH	杰普特	C39 计算机、通信和其他电子设备制造业	29. 41	43. 86	49. 02	43. 62	－0. 55%
688011. SH	新光光电	C39 计算机、通信和其他电子设备制造业	31. 11	38. 09	58. 32	37. 69	－1. 05%
688128. SH	中国电研	M74 专业技术服务业	30. 53	18. 79	42. 92	18. 11	－3. 62%
688196. SH	卓越新能	C42 废弃资源综合利用业	24. 09	42. 93	38. 54	37. 27	－13. 18%
688366. SH	昊海生科	C27 医药制造业	33. 07	89. 23	42. 20	76. 05	－14. 77%
688199. SH	久日新材	C26 化学原料和化学制品制造业	16. 90	66. 68	39. 97	55. 93	－16. 12%

注：数据来自 Wind，收盘价统计口径截至 2020 年 4 月 10 日，行业平均市盈率参考发行公告中 T－3 日行业平均市盈率。

表 3－2　　科创板 AH 股上市股票一览

证券代码	证券简称	上市日期	收盘价（元）	AH 股溢价率	市盈率（TTM）	首发价格（元）	首发市盈率（摊薄）
688366. SH	昊海生科	2019－10－30	76. 05	184. 57%	36. 4776	89. 23	42. 2000
06826. HK	昊海生物科技	2015－04－30	29. 45	184. 57%	12. 6536	59. 00	40. 5646
688009. SH	中国通号	2019－07－22	6. 31	78. 30%	17. 5115	5. 85	18. 8000
03969. HK	中国通号	2015－08－07	3. 90	78. 30%	9. 6953	6. 30	21. 3854

注：数据来自 Wind，收盘价统计口径截至 2020 年 4 月 10 日。

表 3－3　同行业公司科创板与其他板块市盈率水平对比

板块	市盈率（TTM）
创业板	71.4321
科创板	76.8158
中小企业板	54.1867
上证 A 股	47.4116
深证主板 A 股	48.2841

注：数据来自 Wind，市盈率（TTM）采用算术平均法计算，统计口径截至 2020 年 4 月 10 日。

综上，科创板项目所处行业、业绩和首发时的估值定价，是影响其上市后是否破发的重要因素之一。把握企业所处行业、业务持续成长的能力以及合理估值成为投行跟投收益的关键。

二、注册制下大投行模式开启

2020 年 3 月，新《中华人民共和国证券法》明确全面推行注册制，大投行时代亦由此正式开启。

注册制下，在资本市场这个大的生态环境中，监管机构、发行人、投资机构都在相应地转变思维，重构和生成崭新的生态关系，券商更应该在这样的变局中不断调整自身以适应新的“大考”。

对于投行而言，审核从核准制变更为注册制，变化是显而易见的，投行的项目承揽、尽职调查、材料申报、定价销售、跟投等一系列业务逻辑都发生了实质性改变。

投研前置到承揽阶段，项目本身的质素是一切投行、投资以及全产业链业务的基础，对项目的筛选追溯到源头，券商应集公司之力提升项目质量，做精品投行，企业的投资价值及适销性也应该成为在承揽阶段与规范性具有同等重要地位的核查内容。资本市场部更是从承揽阶段便应当介入，对行业的研究、企业投资价值的挖掘既是在承揽中赢得发行人的加分项，也是投行评估项目适投性和适销性的关键，这应该成为项目立项的前提。价值发现、撮合交易逐渐成为投行的核心价值所在，与之对应，投行人的核心技能，应该是立足于对行业的理解，评估企业的价值，对企业合理定价，业务与技术以及未来发展战略应该成为招股说明书中最具亮点的章节。

科创板审核不再单纯以企业利润规模为发行标准，一些符合科创板定位但尚未盈利或存在累计未弥补亏损的企业也可以实现IPO。有些科创板企业的基本面也较为复杂，公司具有技术门槛高、价值周期长的特征，甚至有些在短期内都无法形成收入和利润。对于这类非盈利项目的估值已经不能简单地用市盈率来定价了，需要更专业的投研团队参考未来的行业规模及发展趋势、现有技术的成熟度及路径、竞争格局、企业自身的研发能力、市场地位、未来的成长性等指标进行综合考量。监管层减少对企业质地的判断，而是将对企业价值和价格的评价交给市场，使证券的直接融资行为回归市场化的本质。在这样的背景下，市场定价更容易产生分歧，从而导致承销难度加大，对券商的研究能力、定价能力、销售能力等综合实力是一个巨大的考验。

新形势下的 IPO 发行，卖方市场向买方市场转变也将是一种必然。投资机构日趋成熟和理性，科创板的参与者在进入门槛、专业性等方面都得到了进一步的筛选。随着一二级市场的价差空间被逐步压缩，投资者对炒作新股的热情也将随之降温，随着未来首发定价的渐趋合理，券商销售能力的重要性将日益显现，并成为投行业务发展的中枢。虽然项目本身的质素及合理的定价预期是决定承销难度的根本，但承销商的机构客户储备、承销团队的价值发现、价值挖掘、价值创造能力、交易客户匹配及撮合效率，仍然是检验券商承销能力的关键。

定价销售能力的重要性除了在 IPO 环节日益凸显，在再融资、并购重组等业务品种上也体现得淋漓尽致，它正逐渐成为注册制下衡量投行专业能力的重要参考指标。资本市场部作为与 IBD（投资银行部）和销售交易部既紧密合作又客观中立的部门，如何能够在充分展现企业价值的同时善待市场，高效地搭建起发行人和投资者间的纽带、平衡好两者的关系，是一门艺术，也是每一个ECM（资本市场部）需要思考的灵魂问题。毋庸置疑，能保持独立思考和判断、熟悉市场定价、善于挖掘企业价值、具备投研及销售能力的人才将成为市场炙手可热并极度稀缺的资源。或许这样的市场化变革，会使得一些从业多年、习惯于将发行承销完成得中规中矩的ECM如坐针毡，但它带给行业的推动和飞跃却是谁都无法抗拒的。

投行投资化和投资投行化的时代已经来临，寻找适宜投资的标的作为投行承揽和服务的项目，寻找投行认可的项目作为投资的标的，这是互为因果、互相成就的良性循环。投行不再是单纯的保荐承销通道，而要集全公司之力，为企业提供包括投行、投资、研究、管理咨询、资本运作规划、市值管理等一揽子服务，致力于实现企业生命周期的全覆盖，为企业的全产业链赋能，使企业可以在不同的成长阶段获得来自券商专业的增值服务。可以预见到的是，具有更广阔的行业前瞻视野、更高的投研水平、更优秀的销售团队的优质投行将在未来的发行承销业务中掌握越来越多的话语权，而券商的头部效应也将越发显著。

资本市场在金融体系中始终发挥着牵一发而动全身的关键作用，因为它的本质是优化资源配置，而投行作为连接资本市场与企业的桥梁纽带，将资本汇集并流向最有朝气且最需要被支持的产业和微观实体，这也正是投行从业者的职责所在，资本市场的每一个参与者、每一分钱都应该去践行这一本质。

小商靠勤，中商靠精，大商靠德，巨商靠势。

这个时代，值得我们无比珍惜。

作者简介

田爱华 万联证券股份有限公司资本市场部董事总经理，投行从业15年，保荐代表人。曾任平安证券、长城证券资本市场部董事总经理，在投行业务的承揽、承做、承销全链条上具有丰富的经验，尤其专注于估值定价、投资逻辑挖掘、销售推介、交易架构设计以及一二级市场的连接，有效完成了百余个投行股权及债券类项目的保荐、发行与承销。

曾任私募股权投资基金合伙人3年。募集并投资管理军工产业基金5亿元、医疗大健康产业基金1亿元，获得广东省粤科金融集团有限公司、珠海华金资本股份有限公司、清科集团母基金及多位高净值客户的认购及认可，基金项目投资、退出及收益情况稳健。

04
注册制下，更应加大对上市公司再融资的改革力度

宋玉林

随着人口红利的逐渐消失，我国经济处于从投资驱动向创新驱动、从高速增长向高质量发展的必经阶段。在以往通过政策刺激地产、基建行业，以地产周期带动经济周期的模式中，增量资金主要来源于以表内信贷为主的间接融资，而这种方式并不适用于以新兴行业为主的中小上市公司。在深化金融供给侧结构性改革的背景下，引导资本市场“脱虚向实”的关键，在于如何切实提高企业直接融资的比重，使得企业更专注于研发创新工作，从而向市场提供更有竞争力的产品，助力经济结构优化升级，再融资便是本土上市公司直接融资最适应的土壤。

相较美国、日本等发达国家层次多样化的资本市场，我

国资本市场以往呈现“倒金字塔”的不合理结构，为切实提高经济结构中各板块间的联动效应，2019 年至今，我国资本市场利好政策频出，“深改 12 条”、科创板成立、“再融资新规”、《中华人民共和国证券法》修订、创业板注册制试点改革等办法的相继出台，宣告我国资本市场全面深化改革的序幕正式拉开。

科创板作为注册制全面实行的试验田，成立以来，已有近 100 家企业通过注册制登陆我国资本市场，募集资金超过 1100 亿元，资本市场对创新型企业的包容性得到显著提升。随着《创业板改革并试点注册制总体实施方案》的审议通过，试点注册制正式在沪深两市交易所同步推行，将上市公司发行交易、再融资等行政审批权由证监会逐渐下放至交易所的举措，标志着我国资本市场的成熟度进一步提升，切实有效地帮助上市公司改善再融资环境，有助于营造规范、透明、开放、有活力的资本市场。

自 2017 年 2 月证监会收紧再融资政策以来，A 股上市公司再融资规模及比重逐年下降，开启再融资市场“紧缩周期”，本次“再融资新规”对发行定价、减持限售等行政监管的放宽，将使得再融资市场加快迈入“宽松周期”，通过拓宽再融资渠道、优化当前上市企业资本结构，助力受新型冠状病毒肺炎疫情及国际经济形势变动影响的上市公司发展，使其尽快重新步入常态经营的轨道。

目前，国内上市公司再融资的方式有增发、配股、可转债等，其中增发可分为非公开发行和公开发行（见图4－1）。由于不同的再融资方式在发行审批时的约束条件不尽相同，本文在理解我国当前资本市场的改革脉络的基础上，对国内股权再融资市场的主要产品提出进一步的改革建议。

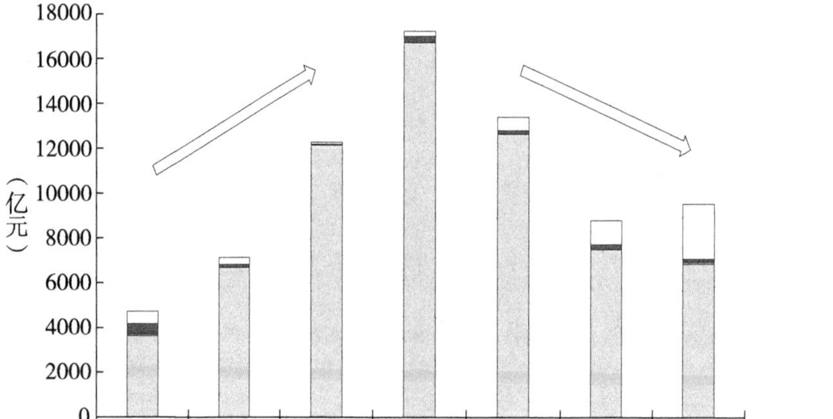

	2013	2014	2015	2016	2017	2018	2019
□ 可转债	551	311	94	227	603	1071	2478
■ 配股	476	138	42	299	163	228	134
▨ 公开发行	70	4	—	—	—	—	90
□ 非公开发行	3645	6713	12211	16811	12705	7524	6888

图4－1　2013—2019年A股再融资发行情况

资料来源：Wind。

一、非公开发行：厘清战投定量标准，提升锁价市场吸引力

非公开发行（也称为定向增发）是A股上市公司最灵活的股权再融资工具，2014年受益于《创业板上市公司证券发行管理暂行办法》的发布，定增市场进入快速发展阶段，在国企改革、跨界并购、借壳上市等多重因素的助推下，定增项目募资金额逐年攀升，至2016年达到峰值1.68万亿元，2013—2016年募资规模复合增长率高达66.45%，一度助力创业板冲击4037.96历史最高点。

在2017年金融去杠杆背景下，监管层先后出台《上市公司非公开发行股票实施细则》《上市公司股东、董监高减持股份的若干规定》（简称“减持新规”），融资端对定增项目发行折价空间收窄，投资端对参与者退出期限加以延长，导致定增项目的实

施难度加大，募资金额及上市公司参与家数逐年锐减。2019年，定增市场募资金额大幅回落至6887.70亿元，仅为2016年高点的40.97%。考虑到主板大盘蓝筹股定增审批较易的因素，实际中小板、创业板定增募集资金仅1858.19亿元，定增上市公司家数也仅为2016年峰值的30.95%（见图4-2）。

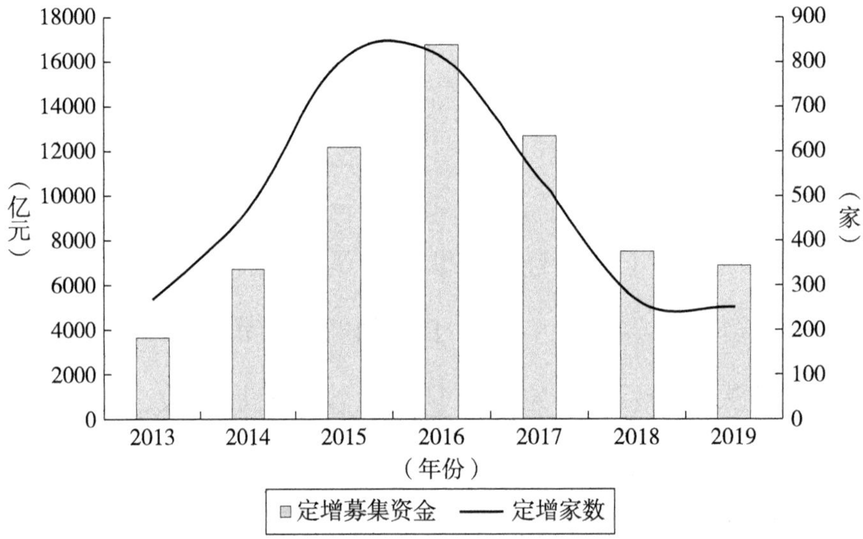

图4-2　2013—2019年A股上市公司参与定增情况

资料来源：Wind。

2020年2月14日，证监会发布新的再融资管理办法，包括《上市公司证券发行管理办法》《创业板上市公司证券发行管理暂行办法》《上市公司非公开发行股票实施细则》和《发行监管问答——关于引导规范上市公司融资行为的监管要求（修订版)》，即“再融资新规”，在放宽定增产品的定价机制、锁定期、发行规模、投资者数量、批文有效期等限制的同时，对创业板上市公司再融资发行条件也予以放宽（见表4－1）。作为再融资市场的核心产品，截至2020年第一季度，“首次披露定增预案”的上市公司已高达146家，同比增长757.89%，其中“再融资新规”发布后披露预案的家数占比91%，市场活跃程度可见一斑，定增市场的快速回暖，有望成为2020年A股的重要增量资金。

表4－1　“再融资新规”定增相关条款变动情况

条款		原规	新规
发行对象数量		主板、中小板发行对象不超过10名，创业板不超过5名	统一调整为不超过35名，且允许境外投资者参与
锁定期	普通投资者	12个月	6个月
	控股股东、实际控制人及控制企业、战略投资者(简称战投)	36个月	18个月
减持规定		“减持新规”	不再适用
发行价格折扣		定价基准日前20交易日均价的90%	改为80%
发行规模		不超过发行前总股本的20%	提至30%

续表

条款	原规	新规
定价基准日	发行期首日	战略投资者定价基准日可为董事会决议公告日、股东大会决议公告日、发行期首日
批文有效期	6 个月	12 个月
创业板	非公开发行股票两年盈利	取消非公开发行股票两年盈利要求，取消前次募集资金使用要求，调整为信息披露要求

资料来源：证监会网站、Wind。

通过对定增相关新老条款的对比发现，“再融资新规”重启锁价发行，并将底价折扣改为 80%，对于以往可介入的战略投资者来说受益最广，可直接通过“锁价 + 折扣 + 退出期减半”的方式潜在套利。例如，战略投资者可以以 5 亿元投资定增项目，网下发行定价折价率 80%，假设资金年化成本 8%，18 个月后到期减持，若上市公司股价保持不变，粗算仍可实现 8% 的到期收益率。

战略投资者作为定增项目锁价发行的主要参与方，对上市公司产业升级、经营业绩提升有重大影响。战略投资者的身份界定一直由上市公司主观进行判断，这间接导致市场上的多数财务投资者可通过战投身份介入锁价发行，因此新规发布后的 1 个月内，上市公司定增发行预案数同比大幅上升。

然而，2020 年 3 月 20 日证监会发布《监管问答》，对战略投资者的定义做出清晰界定，要求战投应满足四项基本要求：①具有同行或相关行业重要战略性资源；②与上市公司谋求双方协调互补的长期共同战略利益，并愿意长期大比例持有上市公司股份；③愿意并实际参与公司治理水平提升；④最近 3 年未受证监会行政处罚或被追究刑事责任。此外，战投还须满足二选一的附加条件：①为上市公司提供国际国内领先的核心技术资源，并以此显著提升上市公司的盈利能力；②为上市公司带来业内领先的市场、渠道、品牌等战略性资源，并以此推动实现上市公司销售业绩大幅提升。

本次战投门槛大幅提升，将使得公募基金、保险、QFII、高净值客户等财务投资者参与定增的主要方式被限定为 6 个月竞价发行，由于短期内只存在定性门槛，如员工持股计划、理财计划等类型的财务投资者将暂时无法参与 18 个月的锁价定增。现行市场采用锁价发行的预案均存在修订可能，为避免刚刚重启的锁价发行市场再度遇冷，合理平衡锁价和竞价发行市场，建议对如下三点标准加以完善厘清。

（1）战投愿意长期持有较大股比的界定标准。

本次“再融资新规”中将定增普通投资者统一放宽至35名，表明监管层旨在降低定增项目的风险集中度，在战投标准中却要求战略投资者占“较大股比”，这一模糊的定量指标使得上市公司和拟投资方均持谨慎态度，影响锁价市场对资金的吸引力。建议将持股比例要求根据战投方实际情况分层界定，有助于引入不同规模的产业资本、头部PE、大型中央企业等中长期股权资金，对中小高成长企业核心竞争力的提升产生积极的促进作用。同时，双方资源的叠加将助力企业拓宽经营渠道，进一步提升产品竞争力及行业话语权。

（2）定期披露战略合作进程的尺度。

半年披露一次战略合作进程，将对上市公司股东及高管层产生较大业绩兑现压力，而拟投资的非上市企业也将直接面临被动披露风险。应结合双方所属行业的特质分级披露经营信息，并对项目初期未实现盈利阶段的项目只披露资金投向等基础信息，避免双方为片面追求锁定期内披露业绩而选择冒进投资。

（3）员工持股计划等财务投资者的准入门槛。

员工持股计划作为上市公司稳定经营管理团队的核心激励办法，对于促进上市公司内生性发展有重要作用。按照当前定性准则，员工持股计划未来只能参与6个月竞价发行市场，难以获得折扣收益，由于竞价发行定增项目的收益率通常更依赖个股α及市场β，对于股价已处在高估值区间的上市公司，未来员工持股计划对企业高管、员工的吸引力将大打折扣。

二、公开发行：优化发行定价机制，降低券商承销风险

公开发行是上市公司面向社会公众投资者的一种股权再融资方式，相比非公开发行仅针对少数特定投资者而言，公开发行融资对象更为广泛，既可以向原股东实行按比例配售申购，也支持全体A股投资者直接购买。然而，自2014年5月沧州大化3.65亿元公开发行项目后，市场却陷入长达5年的沉寂期，主要原因在于公开发行市场发行门槛带来的审批不确定性，以及现行定价机制导致的“破发”风险（见表4-2）。

表4-2　　2014—2019年部分上市公司公开发行情况

证券简称	发行总数（万股）	募资金额（亿元）	发行时间
沧州大化	3485.66	3.65	2014-05-06
拓斯达	1606.52	6.5	2019-11-13

续表

证券简称	发行总数（万股）	募资金额（亿元）	发行时间
紫金矿业	234604.11	80	2019－11－15
能科股份	1289.20	3	2019－11－25

资料来源：Wind。

当前公开发行除了要满足证券发行基本条件外，主板和中小板上市公司还被要求最近3个会计年度加权平均净资产收益率不低于6%（以扣非后净利润和净利润中的低者作为加权平均净资产收益率的计算依据），同可转债一样采用最严的再融资发行盈利要求。不同于可转债通过转股特性有效降低发行风险，当前A股公开发行的定价机制，要求发行价格不得低于公告招股意向书前20个交易日公司股票均价或前1个交易日公司股票均价，在确定发行价格的2个交易日后再停牌进入申购期。这意味着在股票市场整体表现欠佳时，上市公司股价一旦下跌，将导致采用包销形式参与的主承销商承担巨大风险。

美股市场并没有明确区分公开发行和非公开发行的标准，对于满足资质的上市公司只要募集资金渠道合法，且新老股东达成购买意向，在财务指标、融资比例上并不加以限制，将发行定价权完全交由市场，使上市公司具有更为灵活的再融资环境。随着科创板、创业板相继取消硬性发行门槛、非公开发行提升底价折扣等再融资利好政策的发布，现行的制度使得公开发行市场相对于其他再融资方式已不占优势，随着 2019 年 11 月拓斯达、紫金矿业、能科股份三家上市公司公开增发项目的破冰发行，公开发行市场作为目前市场唯一融资规模不受限制的再融资产品，相关发行定价方式亟待优化改革。

（1）简化行政审批流程。

随着当前再融资注册制试点工作的积极推行，以往通过提高发行门槛审核上市公司资质，从而对投资者实施保护的方式有待优化。建议对现有审核机制实行简化放权，逐步考虑将审批权下放至交易所代管，根据上市公司的财务状况及行业特性进行评级分层，根据评级区分对上市公司的发行审核标准。

（2）放宽发行指标门槛。

对 ROE（净资产收益率）等财务指标的硬性要求可以适当放宽，增加对有实际再融资需求公司的辐射范围，将监管重心放在对公开发行募投项目的审核跟踪上，对项目的投后情况提升信息披露要求，通过对募投不诚信行为提高处罚力度，降低道德风险，提升公开发行市场的融资效率。

（3）优化发行定价机制。

当前的发行定价基准单一依赖公司的短期股票市场表现，同公司实际经营发展情况脱钩，在二级市场表现欠佳时缺乏对投资者的吸引力，增加大额包销券商所面临的“破发”风险，建议对于机构投资者适时引入锁价折扣，提高券商对参与公开发行项目的积极性。

三、配股融资：引入配股权交易机制

配股是上市公司进行外部股权融资的方式之一，由上市公司面向所有投资者按一定比例公开配股，相较于定向增发由上市公司自主决定发行对象，配股更有利于保护普通中小投资者的个人利益，近年来成为证券行业上市公司补充资本金的主要再融资工具（见图4－3）。

我国现行配股制度下不允许实行配股权转让及超额认购权，当上市公司发布配股预案后，原股东如放弃配股，则在配股完成后因除权导致股价下跌，所持股票对应市值缩水。由于股东手中的配股权并不能交易转让，所以老股东只能被动加仓配售或提前抛售股票，否则将直接造成经济损失。

相较于境外配股市场，我国现行配股制度发行门槛高、募集审核周期较长，核准发行对中小投资者起到有效保护，但在配股

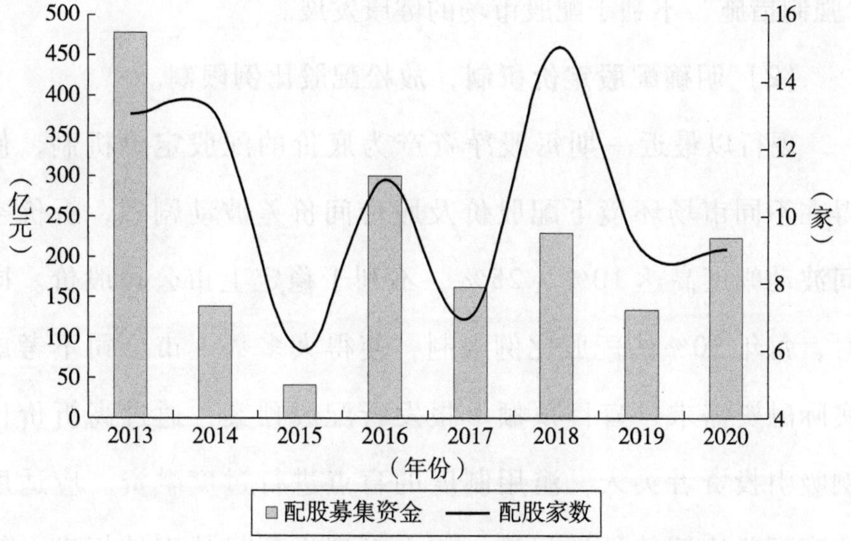

图 4－3　2013—2020 年 A 股上市公司参与配股融资情况

资料来源：Wind。

权交易上却亟待放开。以香港市场“供股”制度为例，投资者如决定不参与供股，可在一周时间内通过港交所临时买卖编号出售供股权，有效对冲因除权引发的股票市值潜在亏损。为提升 A 股上市公司及投资者参与配股融资的积极性，建议对现行配股制度加大改革力度。

（1）引入配股权交易机制。

配股权交易机制的实施，是配股融资市场化的必由之路。当前上市公司的配股计划对老股东有强制效应，投资者在对配股募资投向及效用无法充分分析的情况下，如不在股权登记日前加仓接受配股或出售所持股票，便将直接蒙受损失，这种

“强制措施”不利于配股市场的健康发展。

（2）明确配股定价机制，放松配股比例限制。

现行以最近一期每股净资产为底价的配股定价机制，使得在不同市场环境下配股价及股价间价差波动剧烈，折价空间波动幅度高达10%～25%，不利于稳定上市公司股价。同时，每年30%的配股比例限制，使得大多数上市公司不考虑实际融资需求，盲目顶额申报发行配股预案，通过高折价比例吸引投资者买入，滥用制度的盲点进行过度融资。应适度放宽配股比例的硬性门槛，加大对拟投项目的审核标准，简化期间发行审核流程，引入上市公司白名单制度，切实保护投资者参与配股融资后的经济利益。

四、可转债：适度降低发行门槛，加快推进定向可转债发行

我国可转债市场发行时间较短，2017年由于再融资政策收紧，定增发行规模接近腰斩，而同年信用申购改革使得可转债市场的发行与申购优势凸显，可转债市场增量高速上涨，逐渐成为

上市公司再融资的重要手段。可转债募资规模大幅增长，与定增市场呈现反向变动趋势。2016—2019 年，可转债募资金额复合增长率高达 121.98%，参加上市公司家数也相较 2016 年增长 8.83 倍（见图 4－4）。

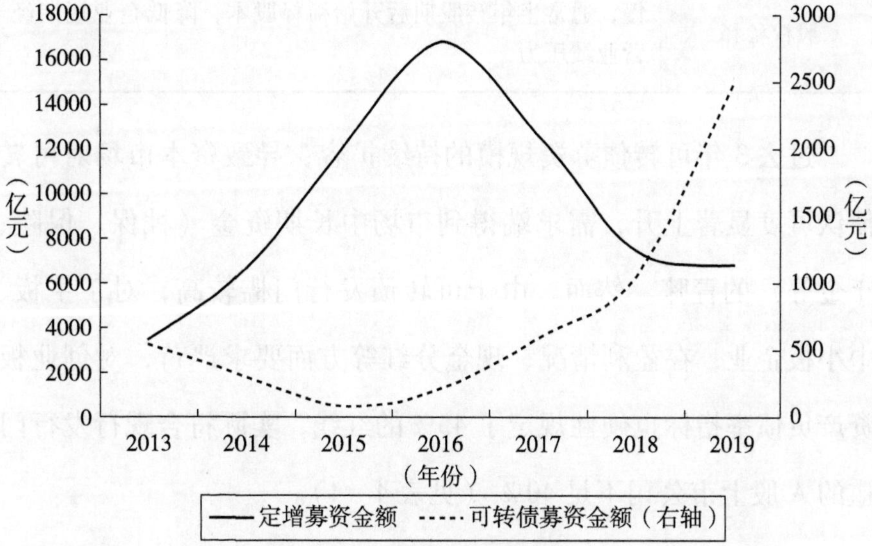

图 4－4　2013—2019 年 A 股上市公司定增和可转债募资金额对比

资料来源：Wind。

可转债作为一种混合型的再融资方式，兼具普通债权和看涨期权的特性，相较于定增具有以下特点（见表 4－3）。

表 4－3　可转债的特点

发行风险	低，具备转股特性，有效降低破发风险
发行费率	低，2019 年市场平均发行费率 1.9%，转股后无须付息

续表

锁定期	无，有债权属性担保，大股东可直接交易，资金流动性好
发行方式	网上、网下均可，属于公募产品，普通投资者可直接申购
股权稀释	慢，通常半年转股期后开始稀释股本，降低企业短期经营业绩压力

过去3年可转债募资规模的持续扩容，导致资本市场对可转债认可度显著上升，需求端得到市场中长期资金（社保、保险、年金等）的青睐。然而，由于可转债发行门槛较高，对于主板、中小板企业，在盈利情况、现金分红等方面要求严苛，对创业板资产负债率指标也硬性规定了45%的红线，实际符合现行发行门槛的A股上市公司不足40%（见表4－4）。

表4－4　　上市公司发行可转债的财务指标要求

财务指标	主板、中小板	创业板
盈利能力	（1）3个会计年度连续盈利； （2）2年内曾公开发行证券的，不存在发行当年营业利润比上年下降50%以上的情形； （3）3个会计年度加权平均净资产收益率不低于6%	2个会计年度连续盈利

续表

财务指标	主板、中小板	创业板
杠杆率水平	—	最近一期末资产负债率高于45%
现金周转能力	（1）3年以现金方式累计分配的利润不少于3年实现的年均可分配利润的30%； （2）3年平均可分配利润足以支付公司债券1年的利息	（1）2年按照上市公司章程的规定实施现金分红； （2）3年平均可分配利润足以支付公司债券1年的利息

此外，即使对于符合发行条件的上市公司，可转债通常的审核周期为8～12个月，实际募资效率也有待提升，结合美国和中国香港的发展经验，可围绕两个方面加速改革进程。

（1）适度降低可转债发行门槛。

逐步放宽主板、中小板企业可转债发行时对ROE、现金分红的门槛限制，降低创业板企业的发行杠杆率水平要求。对申报可转债的上市公司试行资质分层，对质地良好的企业开通绿色通道，精简审批流程，提高可转债市场融资效率。

（2）加快推进定向可转债发行。

定向可转债将在并购交易中加速替代上市公司的传统支付方式，降低上市公司因现金支付产生的资金压力，利用转股特性避免并购交易初期大股东的股权稀释风险。利用债券利息可以在上市公司税前列支，股东在转股后出售股票才须缴纳资本利得税的特征，帮助企业享受递延纳税的优惠。在配融环节，要加快明确定向可转债保底定增、初始转股价等核心条款的定量指标，提升机构投资者参与定向可转债配融交易的积极性。

作者简介

宋玉林 华兴资本集团大中华区资本市场部主管董事总经理，曾任高盛高华证券有限责任公司资本市场部执行董事、瑞银证券有限责任公司资本市场部副董事。拥有10余年跨市场、跨产品的资本市场经验，参与过50余宗境内外首发、上市公司再融资、大宗交易等项目。

05

常备不懈，破茧成蝶

——股权资本市场业务的转型及重塑

李毅 刘宏 杜劲良

2020 年注定为不平凡的一年，开年的新型冠状病毒肺炎疫情给实体经济和资本市场带来了严峻的挑战，但是中国经济和金融体系在黑天鹅事件的冲击下，展现了巨大的韧性及生命力。执笔之际，全国范围内正在积极复工复产，资本市场的注册制变革也正稳步向前。

一、“注册制”时代背景下，股权资本市场业务正在经历转型重塑

注册制在中国的资本市场发展过程中可谓起起伏伏，从2013年11月证监会发布《关于进一步推进新股发行体制改革的意见》，明确须进一步推进新股发行体制改革，厘清和理顺新股发行过程中政府与市场的关系，2015年年底全国人大常委会通过了《关于授权国务院在实施股票发行注册制改革中调整适用〈中华人民共和国证券法〉有关规定的决定》，到2018年重提注册制改革，科创板推出，明确改革的指导思想——“科创板要真正落实以信息披露为核心的证券发行注册制”。这是一个新的起点，让我们资本市场人有了新的期许。

从2019年7月科创板开市，实行注册制发行，到创业板衔

枚疾进，推行以注册制为主线的改革，再到新三板改革，借鉴科创板试点注册制，中国的资本市场业态正在时代大背景下发生持续而深远的变革。而随着这场大改革的到来，资本市场部的定位也在发生质的变化：从过去的投资银行业务的“防火墙”部门，向前台研究销售部门、估值定价部门转变；从“重发行销售”的定位向“重研究销售”的定位转变。相应地，市场上各家券商已经或者正在从组织架构层面对投行股权销售及客户关系管理方式进行调整，并逐步加强销售团队的组建，提升专业化服务能力。

转型重塑的过程也引发从业者不断地思考：与广义的销售业务概念相比，股权销售业务的特性和核心是什么？如何塑造核心竞争力做好股权销售业务？

二、股权销售业务的共性与特性

1. 股权销售业务的共性：本质上是销售工作

股权销售首先是一项销售工作，在任何一个行业，销售都必须具备“坚持不懈水滴石穿的毅力，气定神闲退万军的自信”。股权产品的销售特点是周期长、专业深、客户广、约束多，要求销售人员不仅要从专业上把握上市公司精髓，还需精准把握投资人需求，敢于择时，勇于决策。所以从某种意义上说，销售人员有时需要好运气，然而从拉长的时间维度来看，与运气相比，销售人员最需要的是做一个有准备的人，平时日积月累，用时直击要害。

具体到股权销售业务上，股权产品具有复杂性较高的特点，具体表现为监管政策的迭代速度快、投资者数量和种类多、投资者需求差别大等。这就决定了股权项目交易的落地需要大量的销售工作才能促成。要使项目能成功销售，客户数据库的建立和维护显得尤为重要，数据库的完善需要销售人员付出巨大的努力，不断地拓宽客户覆盖的广度，同时还要持续加深对单个客户的了解。

（1）了解产品。

销售人员在开展工作时，第一件事就是要了解卖的产品是什么、有什么特点。对于股权销售人员而言，除了需要熟悉各种股权融资品种的交易结构、运作模式，还需要对产品的底层资产做深入研究，研究内容包括但不限于发行人的公司管理架构、行业特质、业务模式、产品特点、企业文化、资金偏好等。

（2）了解客户。

任何业务板块的销售人员，如果不了解客户，就不能把合适的产品销售出去，股权销售的工作更是如此。股权销售的过程中，销售人员需要不断对投资者进行深入了解，了解内容包括但不限于投资者的投资范围、风险偏好、资金属性、投资风格、决策机制等。

富有经验的股权销售，可以在充分了解资金和资产两端需求的基础上，对于项目的未来进展有预判，从而朝最有利交易达成的方向引导客户。了解客户、保持敏锐的洞察力，对一个优秀的股权销售人员来说是极其重要的素质。

2. 股权销售业务的特性：每一个股权项目都是非标准产品

股权销售业务的一个主要特征，在于每一个股权项目都是非标准产品，因此，区别于其他产品销售，股权销售人员要做到三个了解。

（1）了解项目。

一个股权项目所处的板块特性、行业特性、公司特性，甚至实控人背景、管理团队风格等，都会赋予它独特的“个性”，再加上股权资本市场政策的持续变革、二级交易市场的高度波动等不可控因素，为股权销售在操作上带来极大的复杂性和不确定性。

（2）了解所在的市场。

股权销售人员应该了解当下的政治经济环境，因为这决定着市场资金的走向和投资方式，决定着哪个行业是近期或者下阶段的重中之重，研究市场的各类投资者在不同阶段的投资策略，可以让我们提前做好布局准备。

（3）了解自己的使命。

股权销售人员不是为了某个阶段的融资而存在于股权销售市场中，而是上市公司与投资者之间的桥梁，伴随上市公司的成长。

随着专业化程度的提高，我们对于股权销售人员的认识也应当更加有层次。最底层的客户引流，可以由资本市场初级销售人员负责；中间层的客户需求分析及项目了解可以由团队中有 3 ~5 年工作经验的员工负责；具有 5 年以上发行销售经验，并且手上实质积累了一部分客户，对整个销售链条、市场情况有深入了解及自身见解的股权销售人员，目前在市场上是各大券商资本市场部争夺的对象，是较为稀缺的资源。层次化认识更有利于公司布局股权资本市场业务的发展。

三、塑造核心竞争力，做好股权销售业务

在“注册制”的大背景下，股权销售的产品种类和数量都会快速增加，当市场从卖方市场转为买方市场，销售业务的重要性和艰巨性就会更加凸显。从美国、中国香港等成熟市场的经验来看，投行股权产品是否能发行成功，极大程度上取决于券商是否

能为其合理定价，并找到适合的投资者销售出去，而在这个过程中，资本市场部肩负决定性的定价和销售职能。

1. 研究和定价能力

正如前文所提到的，股权销售面临的不确定、不可控因素很多，因此迫切需要找到确定的标准和尺度去衡量。如何找到？这需要资本市场部具有可持续性的资源调解及研究定价能力，能够对一个非标准化的股权产品做彻底的挖掘和深入了解，结合卖方的专业判断和合理估值体系，计算出产品的合理估值定价。专业判断是我们对品种本身的经验理解、市场研判，合理估值体系则更依赖绝对估值、相对估值等技术体系，这些都是评价产品估值水平不可或缺的工序和工具。

（1）前期夯实投研基础，坚决不打无准备之战。

股权销售人员并不是一蹴而就的，而是在二级市场通过日积月累磨炼出来的。一名机构销售人员只要有客户疏导和引流能力即可，但这些对专业的股权产品销售人员而言远远不够。对于市场的把握程度、上市公司的研究深度、投资机构的调研频率，都是决定一个股权销售人员成功与否的关键所在，比如能进行企业方、保荐代表人的访谈，因为企业家对企业价值了解最为充分；能调动研究所的研究员资源，与主流机构投资者择机访谈，因为他们代表了市场主流专业机构的看法；能进行对市场产业链上下游企业、可比公司等利益相关方的调研等。

（2）充分协调双方预期，尊重市场、敬畏市场。

当然最难的一步，是协调买卖双方的估值预期，促成交易的达成。在这个过程中，资本市场部，更确切地说是资本市场部的销售团队需要帮助买方投资者去认识企业，推动该项目的投资经理透彻理解这一股权产品，与此同时，也帮助卖方企业家在与资本市场的对话中，调整自己对企业的预期，尊重市场，以更合理的心态去面对企业的估值。

2. 资源的整合能力和券商整体服务能力

每一个股权项目的成功销售，都是各方资源的一次完美对接和整合。如前所述，股权项目的高度复杂性决定了其在销售过程中需要投入大量的人力和各种资源。资本市场部除了需要努力开拓客户进行直接销售外，更重要的是在整个销售体系中担当信息中枢和资源调度中心的角色。在股权项目的承销阶段，协调投行、研究所、分公司、子公司等客户资源，有序地组织和推动各部门参与销售工作，并对各分公司提供销售培训、客户画像等专业支持都已成为资本市场部在大投行体系实践中的重要职能。

未来注册制下，承销工作的开展时点将会大幅前置，在投行项目承揽阶段，资本市场部就需要介入并提供资金端市场分析、项目适销性判断等技术支持。随着销售工作的逐渐推进，资本市场部需要协调研究院资源，对项目进行投资价值研究、亮点挖掘。在分公司对接方面，资本市场部需要根据各项目属性，有方向地推动各分公司进行销售协同工作，让分公司充分发挥区域优势，深度挖掘分公司所在地的上市公司、产业资金、政府资金等客户资源。同时，未来券商销售的竞争也会专业化、区域化、集团化，需要销售人员在完善自我专业能力的基础上，想客户之所想，急客户之所急，结合分公司、子公司的资源牌照优势，同心协力服务客户。“和光同尘，与时舒卷”，顺应时代的变化，顺应经济环境的变化，将自己与市场各机构完美地结合，这是新时代下股权销售的精髓所在。

四、总结

注册制时代，赋予了资本市场部更多的职能，让资本市场部在证券公司中的定位从传统的偏中后台位置逐渐转向偏销售的前台位置。这对于资本市场部从业人员来说是挑战，也是机遇。挑战，在于承担了更多的承销压力，甚至在承揽阶段有时也会承受压力。从业人员将不得不走出自己的舒适圈，进一步加强研究和定价能力、培养销售技能。新环境下的工作性质和强度也对从业人员的综合素质提出了更高的要求。但同时，随着职能的丰富，资本市场部的地位在整个投行业务体系中也被提到了一个前所未有的高度，逐渐处于整个业务线的核心位置，这对从业人员的职业发展来说也是最佳的机遇。

股权销售能力在注册制时代下将成为投行业务发展的胜负手，把握趋势、重塑核心将是每一家投行的必修课，相信转型重塑后的投行将会更加以价值为导向，为实体经济的发展提供更为精准优质的服务，为我国经济由大变强贡献应有之力、尽应分之责。

作者简介

李　毅　兴业证券股份有限公司资本市场业务总部总经理，从事固定收益产品业务12年，先后担任第一创业证券固收销售交易部副总经理、申万宏源集团股份有限公司固收发行销售部总经理等。目前负责兴业证券大投行产品（股权、债券、资产证券化产品等）的发行与销售、分销及交易业务（银行间债券产品、资产支持票据、地方债等）的推进。

刘　宏　现任兴业证券股份有限公司资本市场业务总部股权资本市场处副总监，从事机构销售、财富管理工作近 10 年。目前负责兴业证券股份有限公司大投行股权类项目的发行销售组织工作，包括但不限于 IPO、转债、定增、配股等品种。

杜劲良　厦门大学会计学学士，美国克拉克大学金融学硕士研究生。目前就职于兴业证券股份有限公司资本市场总部，从事投行股权类项目发行承销工作近 7 年。目前负责兴业证券股份有限公司大投行股权类项目的发行及销售工作，包括但不限于 IPO、转债、定增、配股等品种。

06

浅析再融资市场新生态

——新制度下公增定增的适销性选择

雷 阳

2019 年将注定成为资本市场承前启后的一年。在我国资本市场近 30 年的发展过程中，随着制度的完善、品种的丰富，股权融资家数和融资规模逐渐上升，从 1990 年的 7 家 IPO 募资 2.4 亿元到 2019 年的 203 家 IPO、251 家再融资、9 家配股、3 家优先股、106 家可转债、62 家可交债合计募资规模 15413.2 亿元。这其中一级半市场再融资的爆发式增长较为引人注目，自 2007 年《上市公司非公开发行股票实施细则》发布以来，再融资市场持续活跃，一级半市场融资规模大多数时间已经超越了年度 IPO 融资规模，特别是自 2013 年 IPO 暂停以来，再融资无论从发行家数还是融资规模上都呈现了高速增长态势。但是，随着 2017 年《上市公司非公开发行股票实施细则》的修订、“减持新规”和“资管新规”的陆续发布，再融资市场从发行家数、募资金额、项目募足率上看，均呈现了大幅度的萎缩，至2019年，全年再融资募资6887.698亿元，已不及2015—2017年年均募资规模的一半。

历年来，股权再融资都是上市公司直接融资的重要手段，扩大直接融资比重也是建设多层次资本市场的重要目标。股权再融资的手段包括配股、公开增发股票、非公开增发股票、发行可转债和优先股，但是由于过往的制度原因和市场原因，再融资市场各品种发展极不均衡，近年来定增独大，公开增发萎缩至近乎退出市场。然而2019年，公开增发融资方式阔别市场多年后再次出现，年内共计7单公开增发预案被集中抛出，其中3单项目完成发行。这一变化引发了我们对再融资生态变革的思考，加上2019年年末的资本市场及再融资市场的制度性变革，我们可以预见，随着制度的完善、市场的规范、注册制的推进、主承销商权责的赋予，公开增发这种融资方式仍旧有一定的市场需求，在未来多层次资本市场中有望提升发行募资比重。本文不同于传统的再融资投资分析及收益分析，旨在以主承销商视角，结合既有的项目发行情况，从公增和定增适销性选择及参与投资人角度分析，探讨如何进行品种的选择并提高发行成功率。

一、2019年再融资市场的显著变化

1. 市场层面：定增大幅萎缩，公增再度展露

2019年再融资市场极速萎缩，从发行公司数量看，2019年共251家上市公司完成了股权再融资的发行，其全年增发家数不及2014—2017年的一半（见图6－1）；从融资规模看，2019年251家上市公司再融资合计融资规模6887.698亿元，不及2015—2017年年均募资规模的一半（见图6－2）。

从再融资发行品种来看，公开增发再度重现市场并完成发行是2019年再融资市场较为显著的变化。2019年共发布了7单公开增发预案，其中2019年完成发行的共3单，有2单已经停止实施。已经完成的3单公开增发项目合计募集资金89.5亿元，这是公开增发品种阔别市场4年后再次出现，2014年市场

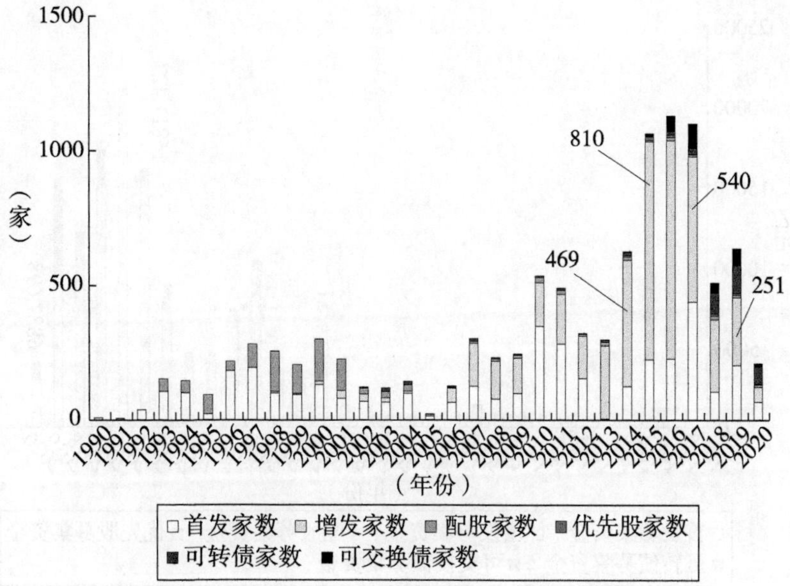

图 6－1　股权再融资家数统计（1990—2020 年）

注：数据截至 2020 年 4 月 14 日。

也仅发行 1 单公开增发项目，募集资金 3.6 亿元。作为长期被市场选择性放弃的品种，在 2019 年集中出现，无论是从市场环境还是从资金属性分析，均具有其存在的合理性和必要性的现实意义。

对于一级半市场股权融资主流品种——定增而言，2019 年也是较为不寻常的一年，在已经完成发行的现金认购的定增项目中，一年期询价定增能够实现募足的项目仅有 35.10%，其中未募足项目中，募集资金差额超过 5 亿元的有 15 个项目，其中中远海控（601919）实际募集与预计募集金

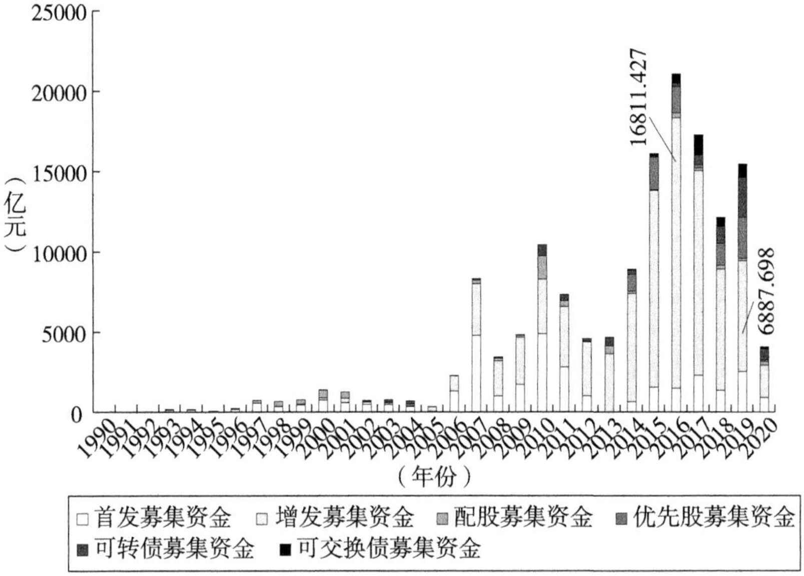

图6－2　股权再融资募集资金规模统计（1990—2020年）

注：数据截至2020年4月14日。

额差异最大，募集资金差额为51.76亿元。三年期定价发行定增全年仅发行20只，除大股东及关联方之外已经鲜有投资人参与其中（见表6－1）。

表6－1　　2019年现金认购再融资项目发行统计

项目	预案数量	实际发行数量	募足率	停止实施数量
三年期定价发行	48	20	55%	10
一年期询价发行	244	114	35.10%	60
公开增发	7	3	100%	2
合计	299	137	—	72

2. 制度层面：再融资制度再次修订，门槛降低

2019 年 11 月 8 日，证监会推出《上市公司证券发行管理办法》《创业板上市公司证券发行管理暂行办法》《上市公司非公开发行股票实施细则》修订意见稿，广泛向社会征求意见，经过三个多月的意见征询，于 2020 年 2 月 14 日正式落地。2019 年 12 月 28 日，新修订的《中华人民共和国证券法》通过审议，于 2020 年 3 月 1 日起施行。

同时，资本市场注册制及配套制度的颁布已经明确写入时间表，新修订的《中华人民共和国证券法》明确将全面推行注册制，证监会官网也发布了 2020 年度立法工作计划，明确 2020 年年底之前，创业板注册制将会正式落地。

3. 变革展望：再融资有望迎来新生态

2019 年，再融资制度再次修订，发行门槛和参与门槛均有降低。同时，多层次资本市场配套制度方面，科创板和新三板精选层正式推出，因其明确了主承销商的战略配售跟投机制，可以看作注册制的试水。《中华人民共和国证券法》的修订及 2020 年创业板注册制的全面落地预计都将进一步改变多层次资本市场的生态。

2019年的市场可能是资本市场改革大幕的开端，其经历多年的核准制将逐步落幕，并向市场化的注册制迈进。在注册制下，主承销商将不再是传统的风险厌恶型的代销角色，将会转变成价值挖掘方，具备投研实力和资本金实力的主承销商可以选择成为发行人的战略跟投方，主承销商不再局限于承销收入，还可能产生一定比例的投资收益。券商也将不再是轻资产依赖的行业，资本金、投研实力、风控实力、销售能力都将成为比拼的关键因素。这一变化在2019年的科创板已经得到一定程度的预演，但是对于直接融资规模更大的股权再融资市场，公开增发品种也极其符合资本市场发展的这一趋势，因此，可以预见在注册制逐渐完善的进程中，先行积累投研优势和投资优势的主承销商也将会介入上市公司的公开增发，在赚取承销佣金的同时也可以获得投资收益。在未来几年，公开增发也会随着制度和市场的完善发挥其自身的优势。

二、定增和公增的区别及适销性选择

1. 我国资本市场再融资的沿革

再融资是指上市公司借助资本市场进行的直接融资行为，其主要融资方式包括配股、公开增发股票和非公开增发股票、发行可转债、优先股等。再融资制度作为资本市场的一项基础性制度，在促进上市公司做强做优、支持实体经济高质量发展等方面发挥着重要作用。提高直接融资比例，服务实体经济，解决中小企业融资困境，扶持民营经济稳健发展，一直是我国发展多层次资本市场体系的重中之重。

我国资本市场的再融资始于1993年，在其发展过程中有五个较为重要的年份。

1993年，《关于上市公司送配股的暂行规定》开启了我国资本市场再融资的序幕。初期，配股为再融资的主要形式，在很多年份也是再融资的唯一形式。

2002年，配股的发行家数和融资规模首次降至50%以下，这主要是因为2001年3月《上市公司新股发行管理办法》颁布，公开增发推出，并取代配股成为我国资本市场的主要再融资方式。2002年，公开增发的融资规模在当年的再融资中占比为63.54%。

2007年，非公开发行（定增）推出，并获得了井喷式发展。2007年定增发行147家，公增发行29家；定增募资规模为2871亿元，公增募资规模为664.3亿元。这一时期，可转债发行募资规模在当年再融资中占比为3.01%。这一年，定增、公增、可转债多品种共存的再融资格局形成。这一年的发展主要源于2006年4月发布的《上市公司证券发行管理办法》和2007年9月发布的《上市公司非公开发行股票实施细则》。

2014年，再融资市场定增独大，成为股权再融资的主要形式。2014年定增发行家数在当年再融资数量中占比93.9%，募集融资规模在当年再融资中占比81.94%。2014年仅有1单公开增发项目（沧州大化），募集资金3.6亿元。此后4年，市场再无公开增发项目发行，在后续的几年中定增获得长足发展。2014年，优先股推出，当年发行5单优先股再融资，募集融资规模在当年再融资中占比12.5%（见图6-3、图6-4）。这一年的变化主要源于创业板的推出，2014年5月，《创业板上市公司证券发行管理暂行办法》颁布。

2019年，公开增发再度发行，可转债发行规模和融资规模提升，定向增发遇冷引发制度性变革。科创板推出，注册制提出明确时间表。

2. 股权再融资的品种比较

主承销商作为连接发行人（卖方）与投资人（买方）的中介，其在上市公司有再融资需求时需要结合市场宏观环境、行业环境及发行人自身的微观情况给予不同品种选择下的适销性意见、建议。这不但需要主承销商对于各品种的历史沿革有充分的理解

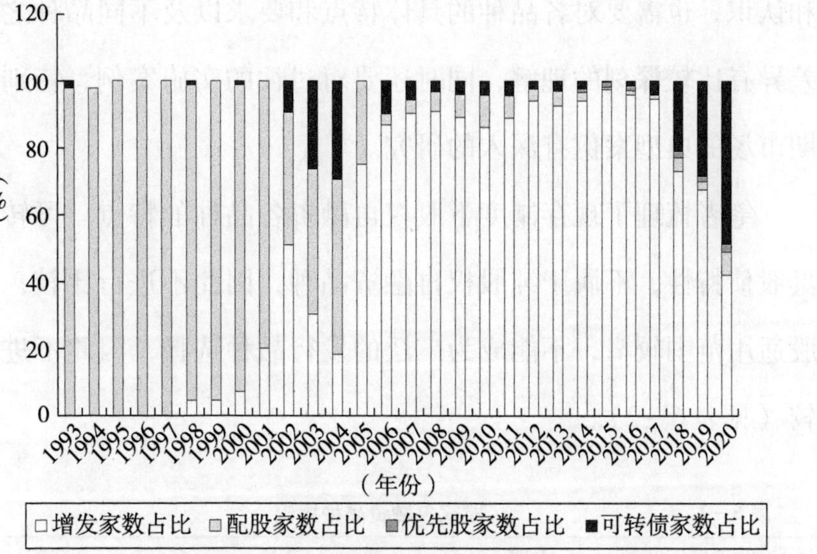

图 6-3　再融资不同品种发行家数占比统计

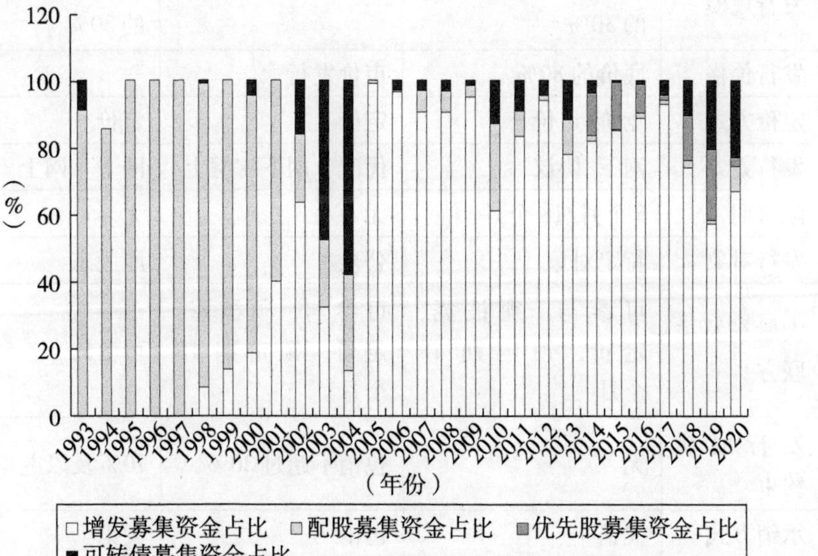

图 6-4　再融资不同品种募集资金占比统计

和认识，也需要对各品种的具体特点和要求以及不同品种之间的差异有比较深刻的理解，同时还要对过往的实施案例，特别是当期市场的典型案例有深入的研究。

笔者梳理了现存制度下股权再融资各品种的特点。可转债兼具股债特性，不属于纯股权再融资品种，因此不进行比较；优先股适用范围较窄，不能成为广泛的发行品种选择，因此不进行比较（见表6－2）。

表6－2　　股权再融资品种比较

比较项目	定增	公增	配股
发行门槛	较低	高	高
发行规模	不超过总股本的30%	—	不超过总股本的30%
发行价格	底价的80%	市价发行	—
定价方式	竞价/定价	定价	定价
发行方式	网下/协议	优配＋网下＋网上	网下＋网上
限售期	6个月/18个月	无	无
发行对象	特定对象	公众	原股东
大股东及关联方	可参与，须披露，定价，锁定期18个月	可参与，须披露，定价，锁定期18个月	可参与
发行成功约束	无	包销不超过30%	70%及以上
承销方式	代销	包销	代销
发行费用	3.11%（2017—2019年均值）	4.61%（2019年均值）	1.88%（2017—2019年均值）

3. 股权再融资品种的适销性选择

股权再融资的这几个品种在过往资本市场发展中鲜有共存发展时期，而是随着政策的变化此起彼伏，整体而言，定增由于其发行门槛较低，主承销商承销风险较小，在过去的几年中发展较为迅猛，无论是竞价发行还是定价发行，发行实施样本数量都较大，无论是项目融资、并购融资，还是发行股份购买资产的配套融资，发行样本均比较多，不同的行业、不同的募集资金用途均可以匹配市场不同的资金投资诉求。

在定增推出后，且发展较为迅速的年份里，公开增发渐渐淡出市场，这主要是因为公增的发行门槛高于定增，对其组织治理、盈利能力、财务状况、利润分配、诚信状况均有明确的要求，所以，符合公增发行门槛的上市公司数量相对较少；同时，从发行方式上看，公增因没有限售期限制和市价发行的要求成为具备二级属性的一级半投资品种；从投资人资金属性上看，因其市价发行赋予投资人的安全垫有限，同时在发行过程中须面对为期两周左右的市场波动风险，其发行前的投资意向较定增相比更加不可控和不确定；种种的不确定性因素叠加增加了发行窗口的预判难度，这些最终都会提高主承销商的包销风险。在过去的几年中，券商凭借资本中介业务可以获得稳定的收入，对包销风险较为审慎，因此公开增发项目难以真正实施。但是这一情况在2019年有了明显的转变。科创板的注册制试水，有一批券商尝试了跟投模式，其股权包销不再是券商风控红线；市场宏观环境的不确定性也增加了无限售期融资品种的吸引力，同时资本市场经历了二十多年的发展，各种基础性制度和品种趋于稳定和完善，融资融券的成熟运作和做空机制的完善，也使得市场资金属性不再局限于单一的投资策略，不同策略的投资人，无论是赚取市场收益还是超额收益的投资人均可以有机会参与其中。2019年完成的公开增发，主承销商均已做足包销的风险准备，在现行制度下，公开增发中主承销商可以选择在不超过30%的包销额度的前提下完成发行，超过30%的包销额度，主承销商有权利选择中止发行，这也赋予了主承销商一定的自主权，在资本金允许的前提下，主承销商对于看好其中长期发展的项目可以容许一定的包销额度，在赚取承销费的同时，分享其投资收益。这一投承联动策略与科创板参与思路趋同。根据过往的实施项目情况看，公开增发的承销收费高于定向增发，对于主承销商的风险承担也给予了一定的包销风险补偿。如2019年紫金矿业80亿元公开增发项目获得原股东、战略投资者及基金保险的广泛追捧，其80亿元的发行规模在折价较低的情况下仍旧获得了超额的认购，这除了其公司自身的行业龙头地位优势外，战略投资人山东黄金和中国黄金的支持、主承销商容许的不超30%包销额度的支持，无疑都成了发行间接增信，紫金矿业主承销商在完成紫金矿业80亿元公开增发后又在2020年承销了两单公开增发项目：玲珑轮胎20亿元公增和嘉澳环保5.5亿元定增。这也反映了主承销商对于投承联动支持的策略选择。

公开增发品种允许关联方参与其中，并且没有限售期，对于市场投资人而言，无疑是参与公司的绝佳机会，但是对于主承销商而言，能否认同公司，并容许一定的包销风险则是发行能否最终启动的关键因素。因为公开增发无论在哪一市场环境下，其包销的风险始终存在，有些时候还会较大。过往的公增发行情况显示，包销是常态，平均包销比率根据年份不同起伏较大，近20年以来，市场整体平均包销比率为16.43%。因此，主承销商对于投资承销选择的联动策略才是公开增发能够得以真正实施的关键性因素（见图6-5）。

配股是通过对原有股东增发股份来募集资金，不涉及引入新投资人，且最终的认购比例如果低于70%则发行失败。由于配股涉及与持股老股东的沟通，持股的分散性增加了沟通的难度和配股成功的不确定性。大多数上市公司前20大股东持股集中度较高，特别是次新股和科技类、制造业公司大股东持股比例普遍较

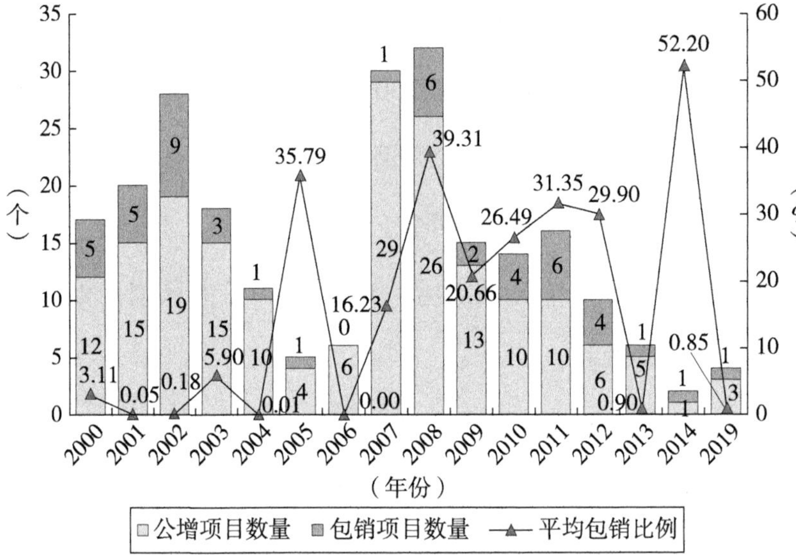

图6－5　公开增发发行包销情况统计

高，如确保配股成功，大股东必须参与较大比例的认购，这种再融资方式本质上较难满足发行人外部募集资金的根本需要，也无法引入新的意向投资人，不能优化现有的股权结构。同时对于中小投资人而言，如果配股完成实施，自己放弃认购，还会面临除权股价下跌的折价损失。如果参与认购，上市公司市值未变、盈利未变，股份的增多仅带来价格的变化和市盈率的下降，同时每股利润还会被摊薄，因此配股经常会遭到诟病。从配股实施情况和已公布预案未实施配股发行情况的统计来看，2017年以来未实施家数和募集资金数额已经高于完成实施的家数和金额（见图6－6）。但是值得注意的是，如果大股东有增资需求，是可以尝试选择配股这一融资工具的，比如券商股。配股既可以满足大股东的增资需求，还可以吸纳一定的募集资金，降低市盈率。2019年以来，共4家券商推出配股融资计划，合计融资规模323.05亿元。其中山西证券（60亿元）、国元证券（55亿元）、招商证券（128.05亿元）已经获得证监会核准，红塔证券（80亿元）为董事会预案阶段。同时，在过去近10年间，共有14家券商、银行进行了16次的配股融资，合计融资规模2195.78亿元。平均认购比例达到了97.51%。其中，银行的配股集中在2013年以前，券商的配股集中在2013年以后（见表6-3）。

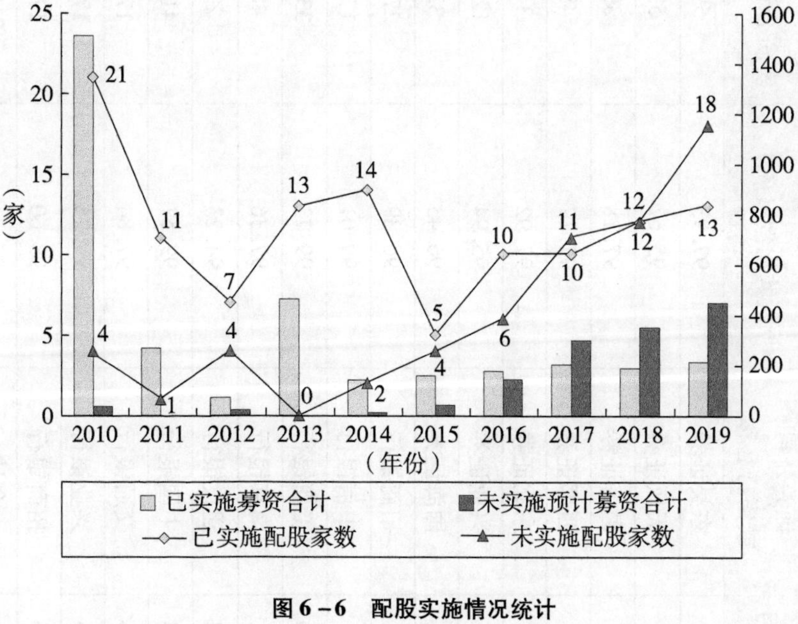

图6-6　配股实施情况统计

表6-3　　已实施配股的证券公司和银行实施情况统计

序号	证券公司或银行名称	认购比例（%）	募资合计（亿元）	配股公告日	配股上市日
1	东吴证券	97.93	59.88	2020-03-10	2020-04-02
2	天风证券	95.62	53.49	2020-03-06	2020-03-31
3	国海证券	97.18	39.94	2019-12-31	2020-01-23
4	西部证券	97.17	48.52	2017-03-27	2017-04-20
5	东北证券	97.92	34.80	2016-04-01	2016-04-22
6	兴业证券	95.94	122.58	2015-12-24	2016-01-18
7	国海证券	96.43	32.56	2013-11-12	2013-12-04
8	招商银行	96.39	275.25	2013-08-23	2013-09-11
9	中信银行	99.01	175.61	2011-06-24	2011-07-13
10	工商银行	99.72	336.74	2010-11-11	2010-11-30
11	南京银行	97.36	48.64	2010-11-11	2010-11-29
12	建设银行	94.23	22.38	2010-11-02	2010-11-19
13	中国银行	99.57	417.86	2010-10-29	2010-11-18
14	交通银行	97.84	171.25	2010-06-07	2010-06-30
15	兴业银行	99.25	178.64	2010-05-20	2010-06-08
16	招商银行	98.60	177.64	2010-03-02	2010-03-19
	合计	97.51	2195.78		

因此，笔者认为，面对基础性制度日趋完善、股票工具品种日趋丰富的资本市场，主承销商针对上市公司股权融资需求出具品种适销性意见的时候，我们可以根据发行人的基本需求、行业特征、投资人构成及其他基本信息综合分析，结合券商自身的投研优势、投承联动的内部支持情况综合判断，提出更适宜的发行方式选择，而不仅仅局限于定增的承揽和销售。

三、定增和公增的发行因素分析

主承销商作为资本市场中连接买卖双方的桥梁，在确定发行人的融资需求和拟实施的融资方式后，在项目销售及发行推进过程中，还需重点关注发行人的股东结构、市场投资人的特点和需求、发行窗口的判断等，这些都将是提高项目发行成功率的关键性因素。

1. 发行人的股东结构

发行人的股东结构及一定阶段的股东结构变化是发行难度最直观的体现，机构投资人的持股数量和持股比例及持股变动趋势直接反映了所在行业的热度及公司自身的受关注程度。机构投资人数量较少、持股比例较低的，不太适宜选择公开增发的方式进行融资。但是，由于行业原因或自身发展的原因而无法取得市场资金的广泛关注的，则适宜采取定价发行方式引入战略投资者，通过战略投资者的协同，取得资金和资源的多重支持。如股东结构中缺少机构投资人，则需要做好定增募资不足或公增包销的预案准备。

2. 市场投资人的特点和需求

2019 年开启的再融资制度改革，其核心变化是门槛变低，发行人发行门槛和投资人参与门槛较之前相比均有所降低。改革的总体思路是坚持市场化、法治化的改革方向，落实以信息披露为核心的注册制理念，提升上市公司再融资的便捷性和制度包容性。一是精简优化再融资发行条件，规范上市公司再融资行为，支持优质上市公司利用资本市场发展壮大，大力推动提高上市公司质量。二是切实提高公司治理和信息披露质量。三是调整再融资市场化发行定价机制，形成买卖双方充分博弈、市场决定发行成败的良性局面，充分发挥市场对资源配置的决定性作用，进一步提高上市公司再融资效率。

2019 年的市场变革直接决定了参与市场的投资人主体与以往相比更加丰富，制度的包容性和市场基础配套品种及做空机制的完善使得不同资金属性和投资策略的投资都有机会参与股权一级半市场中。第一，定增、公增参与门槛均在下移。向特定对象发行股份的投资人数量的增加极大地降低了定增投资人的参与门槛，定增的参与门槛从过去的亿元降至千万元级别，这尤其对创业板的发行成功起到至关重要的作用；2019 年公增的网下参与门槛最低设定在200 万元。第二，“资管新规”过渡期接近尾声，银行理财子公司初具雏形，一方面，银行理财产品有望通过规范的产品化运作方式进行权益类投资配置；另一方面，在市场制度支撑、宏观经济形势稳健的情况下，部分银行愿意进行资本金的权益类投资，通过对参与优质上市公司的增发分享其收益。第三，发行价格的折扣提高，使得参与一级半市场股权增发的投资人与过往相比形式上更加丰富，除了以往活跃的追求超额收益的一级半市场定增投资人，一些追求折价收益和市场收益的对冲及量化投资人也开始参与其中，这部分投资人与追求超额收益的投资人虽然策略不同，却能够参与同一项目的发行，这也是此前股权一级半融资发行鲜有的现象。投资人在参与增发获配的同时，可以通过做空来锁定价差部分的稳定收益，通过小额批量的组合操作构建稳定的综合收益。而公增因其无锁定和低门槛，又有可以很好匹配这一投资策略的再融资品种。在 2019 年完成的 3 单公增投资人明细中，均有量化对冲产品的身影。同时，折扣的存在也使得既有持仓产品具备了换仓锁定收益的需求，这在2020年“再融资新规”落地后实施的项目发行中均有较为明显的体现。第四，“资管新规”下，配资重新启动，在2020年“再融资新规”后已经有很多银行推出了成型的产品方案，这也会极大推动不同资金入市的积极性。

因此，在项目的发行中，对于投资人资金属性及投资策略的判断，以及在一个待发项目中对不同投资策略意向构成的把握，对于提高发行成功率是非常重要的。

3. 发行窗口的判断

增发中发行窗口的选择直接决定了发行的成败。对于宏观层面的预判、新制度推出的预判及结合行业及个股资金面流入流出的预判、同期市场项目发行资金分流情况的监测、自身20日均价走势，都是需要密切关注和监测的指标。同时，在发行启动后，无论是公增还是定增，都还将面临锁价后两三个交易日的波动窗口，如遇市场波动或黑天鹅事件，则很有可能导致发行结果不及预期，甚至可能会导致发行失败。

二级市场的波动、投资主体的多样化都将有助于实现买卖双方的博弈，通过市场化机制发挥资源配置作用。但是对于主承销商而言，短期的波动、突然的政策或者黑天鹅事件，都将可能导致发行结果不及预期甚至发行失败，因此，笔者建议，一级半市场的股权增发发行可以引入储架发行机制，储架发行允许在批文有效期内多次发行，这样可以提高发行效率，也可以减少或降低突发事件带来的不可控因素的影响，不同发行批次的投资人随行就市充分竞价，更加有利于市场的价格发现作用。在注册制即将实施的大背景下，股权一级半市场增发的储架发行也是可以期待的。

总之，2019 年注定是资本市场承前启后的一年，随着资本市场的变革、制度的完善，我们也要做好迎接再融资生态变化的准备，关注市场实施案例的动态及市场多方参与主体的策略变化，同时也期待股权再融资市场的储架发行制度落地。

作者简介

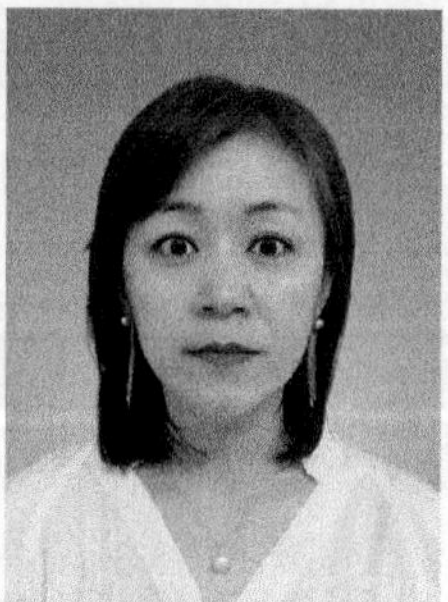

雷　阳　长城证券有限责任公司投资银行事业部执行董事，曾先后供职于平安证券股份有限公司、长城证券有限责任公司，从事投行资本部销售发行工作近 10 年，曾先后负责苏大维格、富煌钢构、木林森、金科文化、浩丰科技、开立医疗、建艺集团等多个 IPO 的发行销售工作；负责飞荣达、顺络电子、大富科技、康跃科技、拓邦股份等定增销售工作及能科股份和沧州大化的公增销售发行工作。

07
精选层
——多层次资本市场的有效补充

梁 莉

一、新三板改革概况

2019年10月25日，证监会新闻发布会正式宣布，证监会将启动全面深化新三板改革，并将设立精选层，由此拉开了本轮新三板全面深化改革的序幕。11月8日，首批相关细则正式出台，证监会就修订后的《非上市公众公司监督管理办法》和新起草的《非上市公众公司信息披露管理办法（征求意见稿）》公开征求意见。与此同时，全国股转公司就新起草及新修订的规则向市场征求意见，规则主要包括分层制度、公开发行、定向发行、股票交易等方面。接下来，监管机构分别于2019年年底和2020年第一季度分批次发布多项法律法规，业务涉及新三板所有主要线条，整体改革步伐快速而稳健（见表7－1）。

表 7－1　近期推出的主要相关法律法规

序号	日期	名称	备注
1	2019－12－20	《非上市公众公司信息披露管理办法》	制定
2	2019－12－20	《非上市公众公司监督管理办法》	修改
3	2019－12－27	《全国中小企业股份转让系统分层管理办法》	修订并更名
4	2019－12－27	《全国中小企业股份转让系统股票交易规则》	修订并更名
5	2019－12－27	《全国中小企业股份转让系统投资者适当性管理办法》	修改
6	2019－12－27	《全国中小企业股份转让系统投资者适当性管理业务指南》	制定
7	2019－12－27	《全国中小企业股份转让系统挂牌公司股份特定事项协议转让细则》	修订并更名
8	2019－12－27	《全国中小企业股份转让系统挂牌公司股份特定事项协议转让业务办理指南》	修改并更名
9	2019－12－27	《全国中小企业股份转让系统股票异常交易监控细则（试行）》	修订并更名
10	2020－01－03	《全国中小企业股份转让系统股票定向发行规则》	修订并更名
11	2020－01－03	《全国中小企业股份转让系统挂牌公司信息披露规则》	修订

续表

序号	日期	名称	备注
12	2020－01－03	《全国中小企业股份转让系统挂牌公司治理规则》	制定
13	2020－01－03	《全国中小企业股份转让系统股票定向发行指南》	修订并更名
14	2020－01－19	《全国中小企业股份转让系统股票向不特定合格投资者公开发行并在精选层挂牌规则（试行）》	制定
15	2020－01－19	《全国中小企业股份转让系统股票向不特定合格投资者公开发行保荐业务管理细则（试行）》	制定
16	2020－01－19	《全国中小企业股份转让系统股票向不特定合格投资者公开发行与承销管理细则（试行）》	制定
17	2020－02－21	《全国中小企业股份转让系统股票交易方式确定及变更指引》	修订并更名
18	2020－02－28	《全国中小企业股份转让系统股票向不特定合格投资者公开发行并在精选层挂牌与承销业务实施细则（试行）》	制定
19	2020－02－28	《全国中小企业股份转让系统精选层挂牌审查细则（试行）》	制定
20	2020－03－06	《全国中小企业股份转让系统股票向不特定合格投资者公开发行并在精选层挂牌业务指南 1 号—申报与审查》	制定

续表

序号	日期	名称	备注
21	2020－03－06	《全国中小企业股份转让系统股票向不特定合格投资者公开发行并在精选层挂牌业务指南2号—发行与挂牌》	制定

资料来源：全国中小企业股份转让系统（简称全国股转系统），东北证券资本市场部。

区别于旧三版市场，我国的新三板市场最早出现于2006年，2006年1月，中关村园区股份报价转让试点作为我国第一个新三板试点正式开启。2012年8月，国家正式批准上海张江、武汉东湖和天津高新三个园区加入新三板试点，四个试点园区形成了我国新三板市场的雏形。经多次扩容后，全国股转系统正式成立，并成为服务于非上市公众公司的全国性证券交易场所。2016年，股转公司正式对挂牌公司实施分层管理，新三板创新层正式推出。2019年10月25日，为进一步完善我国多层次资本市场，精选层正式推出。随着各项法律法规的逐步到位，目前新三板七项基本业务的相关措施已经基本到位，为创新层的推出在法律法规层面奠定了坚实基础（见图7－1）。

本轮新三板改革重点推进以下改革措施：一是优化发行融资制度，按照挂牌公司不同发展阶段需求，构建多元化发行机制，改进现有定向发行制度，允许符合条件的创新层企业向不特定合格投资

阶段	旧三板市场	新三板市场	全国股转系统	创新层推出	精选层推出
内容	➢2001年6月12日，代办股份转让工作正式启动 ➢2002年8月29日起，退市公司纳入三板市场	➢2006年1月，中关村园区股份报价转让试点正式启动 ➢2012年8月，上海、武汉、天津三地园区纳入试点	➢2013年1月，全国中小企业股份转让系统正式挂牌 ➢2013年2月，新规则陆续发布，系统转换正式开始 ➢2013年4月26日，新规则下新一批企业通过审核 ➢2013年6月19日，国务院常务会议公告显示了扩容预期 ➢2013年12月14日，国发〔2013〕49号文明确全国扩容	➢2015年11月20日，证监会制定进一步推进新三板发展的若干意见，正式宣布推新三板创新层 ➢2016年6月27日起，全国股转公司正式对挂牌公司实施分层管理，将全部企业划分为基础层和创新层，满足三个条件之一的挂牌公司可以进入创新层	➢2019年10月25日，证监会新闻发布会正式宣布，证监会将启动全面深化新三板改革，并将设立精选层 ➢监管机构于2019年12月27日、2020年1月3日和1月19日分批出台精选层相关法律法规，新三板深改的七项基本业务规则已全部发布实施
意义	解决原STAQ、NET公司法人股及退市公司的历史遗留问题	利用资本市场支持高新技术等创新型企业的试点	成为服务于非上市公众公司的全国性证券交易场所	建立多层次资本市场的重要战略布局，对于打通整个资本市场具有重要意义	解决了一直以来困扰新三板市场的诸多问题，促进了多层次资本市场全校功能机制的初步形成

图7－1　三板市场发展历程

资料来源：全国股转系统，东北证券资本市场部。

者公开发行股票；二是完善市场分层，设立精选层，配套形成交易、投资者适当性、信息披露、监督管理等差异化制度体系，引入公募基金等长期资金，增强新三板服务功能；三是建立挂牌公司转板上市机制，在精选层挂牌一定期限，且符合交易所上市条件和相关规定的企业，可以直接转板上市，充分发挥新三板市场承上启下的作用，实现多层次资本市场互联互通；四是加强监督管理，实施分类监管，研究提高违法成本，切实提升挂牌公司质量；五是健全市场退出机制，完善摘牌制度，推动市场出清，促进形成良性的市场进退生态，切实保护投资者合法权益（见图7-2）。

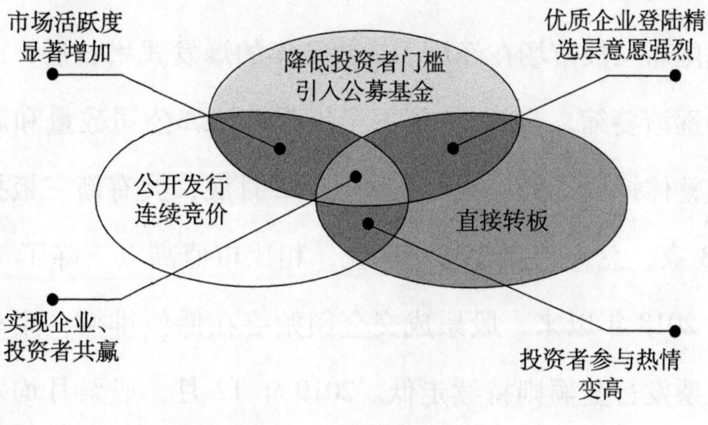

图7-2 新三板改革

本轮改革和精选层的推出，无论对资本市场、挂牌公司或是证券公司来说，均具有深刻意义，标志着我国资本市场向多层次健全资本市场迈出了重要的一步。而精选层的推出，则为新三板企业和证券公司新三板投行业务带来实质性变革，其意义非同寻常。

二、新三板改革的重要意义

精选层的推出对资本市场具有极其重要的意义，它解决了一直以来困扰新三板市场的诸多问题。精选层的推出较好地解决了制约新三板发展的流动性问题，明确了新三板市场内部结构的互通，为多层次资本市场整体互通打下了良好基础，也促进了多层次资本市场全校功能机制的初步形成。

我国新三板市场在经历了最初几年的爆发式增长后，市场规模开始逐渐萎缩。自2017年下半年起，挂牌公司数量和新三板总市值整体持续走低。截至2019年12月底，共有新三板挂牌公司8953家，总市值29399.6亿元，相比市值高点下降了45%左右。自2018年以来，股票成交金额始终在低位徘徊，流动性不佳，股票发行金额则持续走低。2019年12月，股票月均发行募资金额17.26亿元，仅相当于2016年和2017年月均发行金额的15%左右（见图7－3、图7－4、图7－5）。

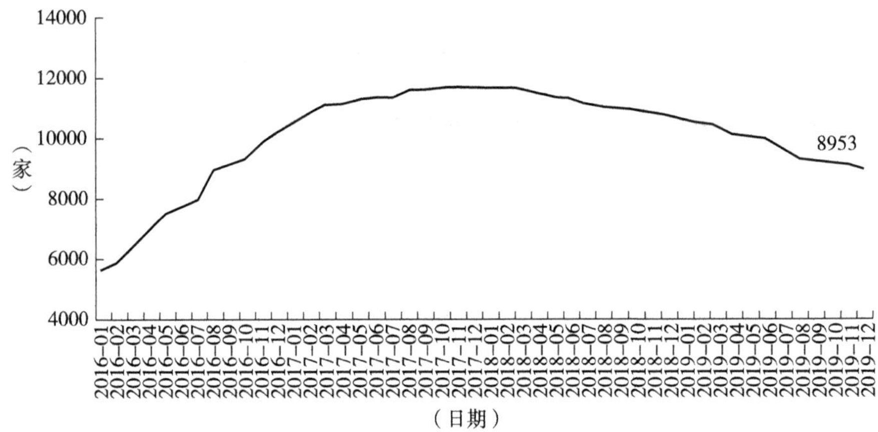

图7－3　新三板挂牌公司数量

资料来源：Wind资讯，东北证券资本市场部。

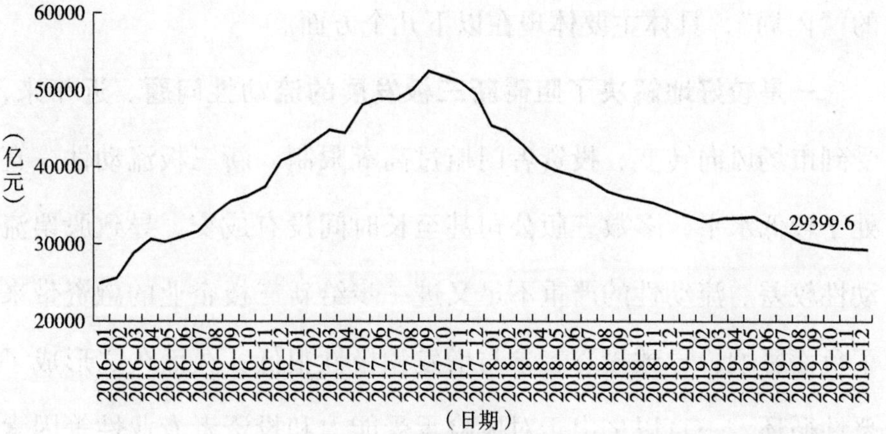

图 7－4　新三板总市值

资料来源：Wind 资讯，东北证券资本市场部。

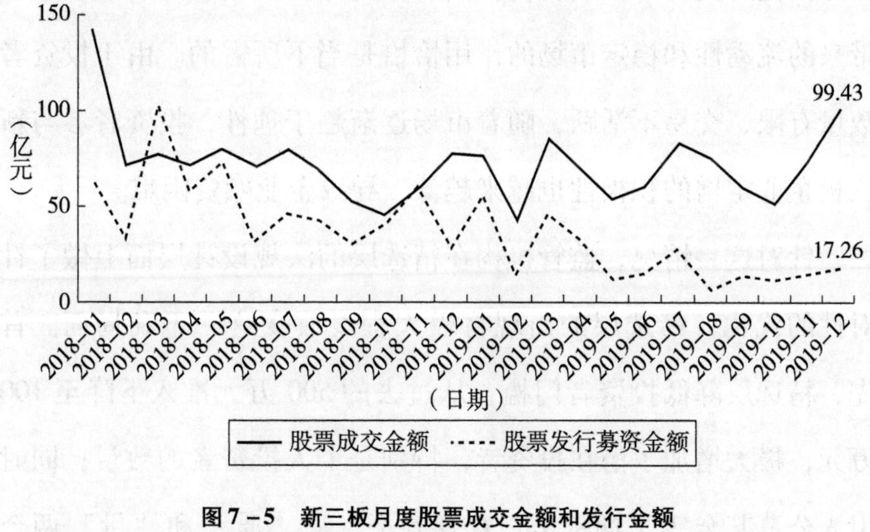

图 7－5　新三板月度股票成交金额和发行金额

资料来源：Wind 资讯，东北证券资本市场部。

本次改革和精选层的出现很大程度上缓解了新三板目前面临的“困局”，具体主要体现在以下几个方面。

一是较好地解决了阻碍新三板发展的流动性问题。近年来，受到市场风向转变、投资者门槛过高等限制，新三板流动性一直处于较低水平，多数三版公司甚至长时间没有成交，导致股票流动性较差。流动性的严重不足又进一步给新三板企业的融资带来了负面影响，导致投资者参与增发积极性很低，久而久之形成了恶性循环。一直以来出于对风险承受能力和投资者专业性等因素的考虑，监管机构对参与新三板的投资者要求较高，其中500万元的门槛更是将很多个人投资者拒之门外。同时，市场上缺乏以公募基金为代表的长期机构投资者，而这类投资者为新三板市场带来的流动性和稳定市场的作用恰恰是当下所需的。由于投资者数量有限、交易不活跃，随着市场逐渐趋于理性，投资者参与新三板企业定增的积极性也越来越低，导致企业融资困难。

针对这一情况，监管机构在精选层的法规设计层面上做了针对性的优化，精选层的出现将极大程度改变这一不利局面。首先，精选层降低投资者门槛，从过去的500万元准入下降至100万元，极大增加了潜在投资者，特别是个人投资者的数量；同时引入公募基金等长期资金，双管齐下，从“质”和“量”两个层面加强投资者活跃性。其次，优化交易和发行制度，精选层采用连续竞价方式交易，且构建多元化发行机制，改进现有定向发行制度，允许符合条件的创新层企业向不特定合格投资者公开发行股票，因此市场也形象地称其为“小 IPO”。可以预见，随着交易方式和发行方式的转变，投资者的数量和积极性都将大幅提高，新三板市场有望再度盘活。

二是解决了新三板的转板不畅问题。尽管监管机构设立创新层的初衷是为了建立一条由创新层直接转入主板的通道，但是长久以来相关法律法规一直未能落实到位，创新层中的新三板企业转板前景始终不明朗，有转板意愿的公司只能通过先退出新三板后排队 IPO 的方式来实现上市，而相对未登陆过新三板直接上会的企业来说，登陆过新三板创新层的企业在审核过程中并没有任何政策便利，一样存有上会被否的风险。同时，新三板企业维持在创新层须满足较高的标准，甚至部分创业板公司也无法满足，维持该标准给企业造成了额外负担。而精选层的推出，很好地解决了上述问题，根据现有法律法规的明确规定，股转系统连续挂牌满 12 个月的创新层公司可以申请进入精选层，成功进入精选层 1 年后，可直接申请转沪深交易所，不需要证监会审核。在此规定下，企业有了“基础层—创新层—精选层—转板上市”的完整转化路径，挂牌公司可以清晰理解从挂牌到上市的完整过程，从而更好地制定自身发展策略。因此，精选层的推出，为新三板企业最终实现转板上市提供了完整而可行的路径，也完美地弥补了新三板创新层和主板之间“缺失的一环”。

三是引导挂牌公司合理运作，增加挂牌公司费用支出的合理性。对于新三板企业来说，规范运作、聘请董秘、信息披露等环节为企业带来额外费用，客观上加重了挂牌企业的负担，特别在企业无法借助新三板顺利融资的情况下，这些费用有时会压得公司喘不过气。新制度下精选层的推出，特别强调信息披露的规范性和严谨性，因此尽管企业前期仍然会有额外的费用，但这些费用所带来的规范运作和规范信息披露都会转化为企业未来成功登陆精选层的基础，为企业最终转板上市打下良好基础。

三、精选层对证券公司的意义

近年来，主流板块的股权项目资源正在向头部券商倾斜，而新三板市场上则活跃着众多具有特色的中小型券商。精选层的推出，将极大程度地激活新三板市场，为证券公司带来大量业务机会，行业格局在细分市场有望改变。

截至2019年年底，我国共有92家证券公司持有保荐承销业务牌照，然而其中有44家券商2019年IPO颗粒无收。2017—2019

年，前10名券商股权项目主承销数量之和分别占比51.42%、58.05%、56.00%；主承销金额之和占比更是高达64.49%、78.24%、71.81%，最近两年占比均高于70%。头部券商项目资源优势愈发显著。统计2019年全年发行情况可知，几乎所有大型IPO均由头部券商所主导（见表7－2、图7－6、图7－7）。

表7－2　2019年规模前10大IPO发行情况

名称	募资总额（亿元）	发行股份数量（万股）	承销及保荐费（万元）	主承销商
邮储银行	327.14	594799	46293	中金公司、中邮证券、瑞银证券、中信证券
浙商银行	125.97	255000	14261	中信证券、中金公司
中国广核	125.74	504986	15421	中金公司、国开证券、中信建投、民生证券
中国通号	105.30	180000	14901	中金公司、高盛高华、中信证券、中银国际、摩根士丹利华鑫、天风证券
渝农商行	99.88	135700	7491	中金公司、中信建投
宝丰能源	81.55	73336	11887	中信证券
金山办公	46.32	10100	15032	中金公司
海油发展	38.05	186510	4926	中金公司
澜起科技	28.02	11298	3560	中信证券、中金公司、中信建投、国泰君安、中泰证券
传音控股	28.12	8000	10409	中信证券

资料来源：Wind资讯，东北证券资本市场部。

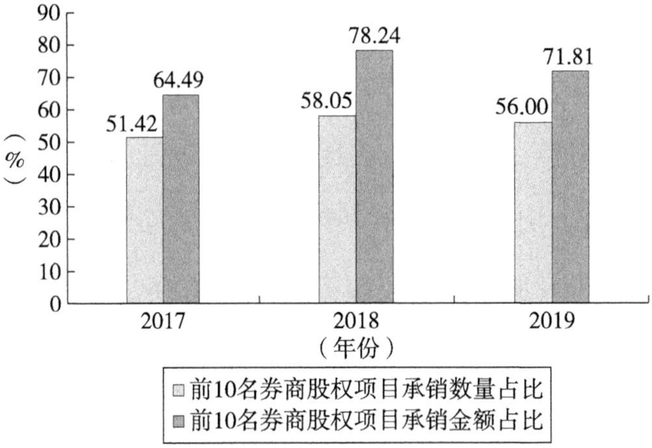

图7－6　2017—2019年前10名券商股权项目主承销数量和金额占比

注：图中只统计IPO、增发、配股数据。

资料来源：Wind资讯，东北证券资本市场部。

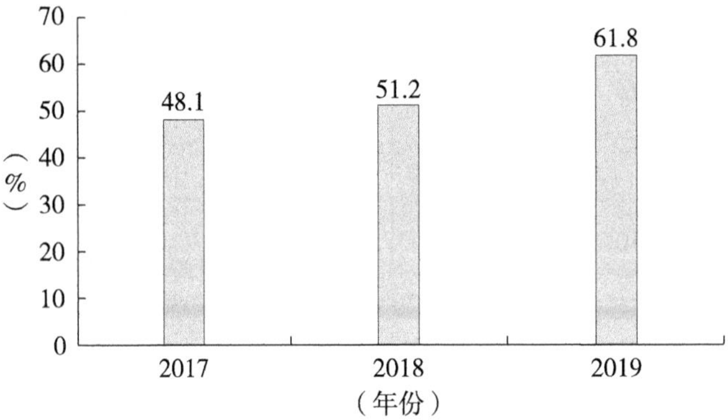

图7－7　前10名证券公司承销与保荐业务收入占比

注：图中只统计IPO、增发、配股数据。

资料来源：Wind资讯，东北证券资本市场部。

然而在主流板块的发行框架下，投资银行为发行人提供的服务主要体现在流程层面，总体而言业务同质化程度较高，不同券商的项目能力并不能由最后的发行价格等客观指标加以评判。头部券商的优势更多地体现在承揽能力强和为客户提供其他综合性服务等方面，而保荐承销业务的服务质量，则与其他券商没有本质性差异。

反观新三板市场，则呈现出充分竞争之态势，很多中小券商特色鲜明，业务经验丰富，市场口碑好，而头部券商并未体现出服务优势，也未能垄断大多数项目资源。

一方面，挂牌家数较多的券商中，总体而言头部券商家数和市场份额均低于中小券商，相比之下，一些具有特色的中小型券商处于行业领先地位（见图7-8）。

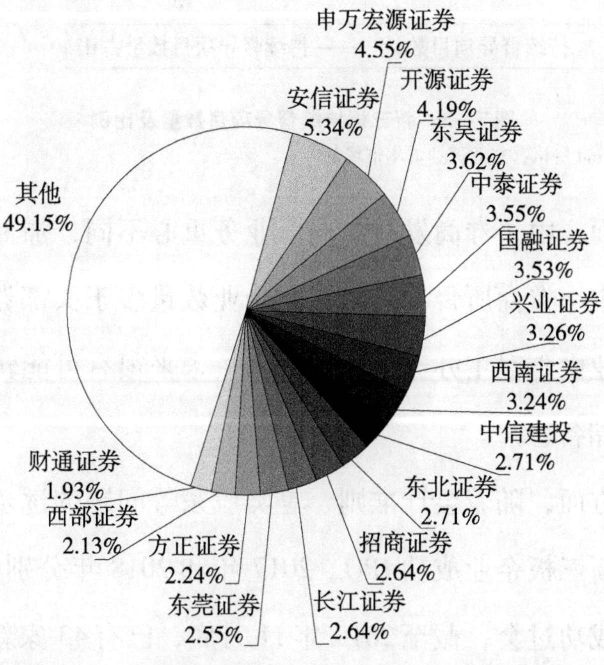

图7-8　2016年以来新三板各主办券商挂牌家数比例

资料来源：Wind资讯，东北证券资本市场部。

另一方面，在新三板持续督导项目数量上，中小券商持续督导的项目数量亦多于头部券商（见图7－9）。

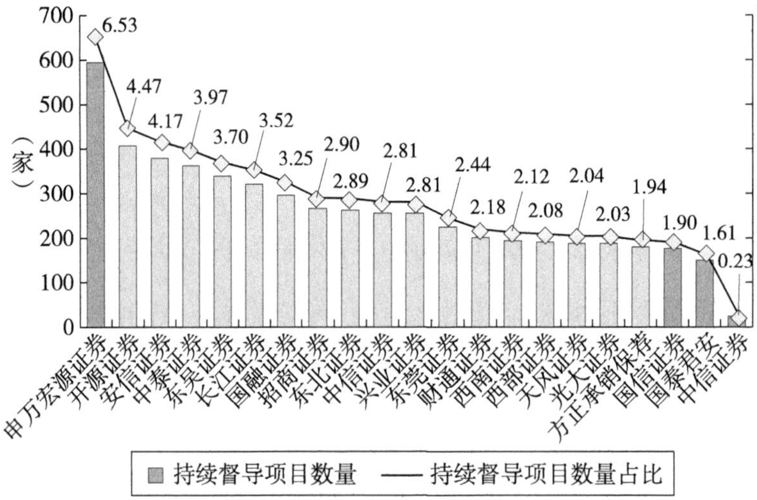

图7－9　新三板持续督导项目数量及比例

资料来源：Wind资讯，东北证券资本市场部。

一方面，由于券商发展方向、业务重心不同，加上成本控制等因素，中小券商所督导的新三板企业数量多于头部券商，这些被督导企业由于对主办券商黏性较高，未来很有可能转化为证券公司IPO储备客户。

另一方面，随着会计准则、三类股东等问题的逐步解决，越来越多的新三板企业成功IPO。2017年和2018年分别有24家新三板企业成功过会，截至2019年11月底，已有43家新三板企业顺利过会（见图7－10）。

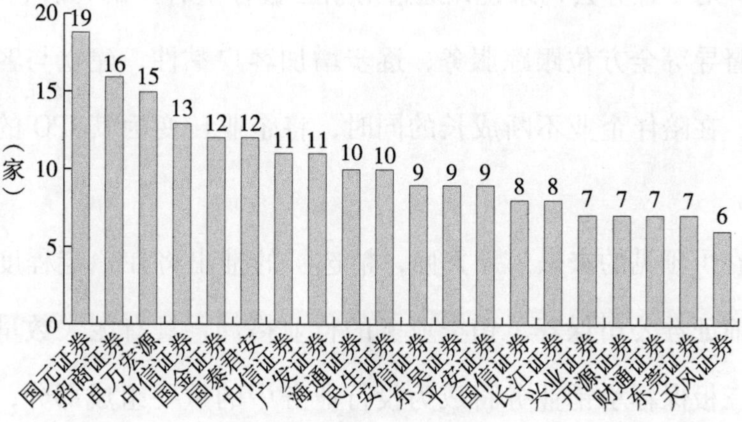

图 7－10　新三板企业 IPO 申报家数（除去终止审查）

资料来源：Wind 资讯，东北证券资本市场部。

对于很多新三板企业来说，通过转板最终成功实现上市是企业的长期重要目标。近年来尝试登陆主板的新三板企业越来越多，但是由于转板政策的局限性和不足，现有法规框架下新三板企业实现上市只能通过先退出新三板再排队上会的形式，无论是等待时间和过会概率均存在不确定性。

由于精选层具有转板无须审核的天然优势，企业不存在上会被否的风险（2017 年新三板企业 IPO 过会率为 63%，2018 年为 51%，2019 年为 89%），可以预见未来精选层将会受到有上市意愿的优质企业的广泛青睐。未来精选层的出现，使得这些企业可以通过基础层—创新层—精选层—转板上市的途径，在主办券商的持续跟踪服务下，经历一个完整的从小到大、从弱到强的过程。

反之，对于证券公司来说，通过对新三板存量客户的挂牌、增发、持续督导等全方位跟踪服务，逐步增加客户黏性，建立与客户的互信，在陪伴企业不断成长的同时，将企业转变为其 IPO 的潜在客户。

在可预见的未来，一方面，精选层的推出将在一定程度上改变目前证券公司保荐承销类业务的行业格局，具有庞大数量基础的新三板保荐承销业务将成为投行业务中的重要组成部分，具有大量优质新三板项目储备的中小券商将迎来业务机遇。另一方面，由于发行方式的不同，新三板精选将更多地采取市场化发行，券商销售能力的差异将得以最大化体现。市场化发行后，未来项目资源将向具备优秀销售能力的投资银行倾斜，优秀的销售能力将成为投行的"金字招牌"，并进一步转化为投行的项目承揽能力，使得部分中小券商可以在激烈的市场竞争环境中脱颖而出。

四、精选层对投资银行资本市场部工作的意义

目前我国证券公司投资银行资本市场部的主要工作分为三部分，分别是发行流程工作、销售工作和创新工作。发行流程工作是资本市场部的基础工作，主要指在项目发行过程中寻找适时发

行窗口、合理估值定价，具体表现为制定发行方案、对接监管机构、协调其他中介机构、簿记建档登记上市等工作。这部分工作是资本市场部的传统业务，也是部门生存的基础。销售工作主要是指项目发行过程中针对标的证券所开展的一系列投资银行产品销售的相关工作，是资本市场部的核心竞争力。对于资本市场部来说，销售能力是部门价值的主要体现，销售工作是投资银行业务收入得以实现的重要环节。创新工作指资本市场部凭借自身专业性，以各种创新业务形式开展工作，从而产生新的收入增长点。由于创新业务可以直接创造附加价值，因此使得资本市场部在证券公司整体框架下的重要性显著体现。

然而，在现有监管思路和业务体系下，由于种种原因，资本市场部的职能有所弱化。对于股权项目，鉴于目前 IPO 发行过程中发行价格受限，使得投资者报价区间高度集中，发行价格无法准确体现市场对发行人的认可程度，资本市场部亦无法通过专业性销售来向投资者展现企业的真正价值。对于债券项目，与股权类项目不同，债券产品要素透明化程度高，投资者易于在市场上寻找同类产品进行对标，因此资本市场部目前仍然主要以“广撒网”的方式开展债券销售工作。

随着精选层的推出，现有情况会在精选层公司发行股票时迎来根本改变，资本市场部的专业性将重新得以充分体现。新三板精选层的公开发行，本质上与注册制 IPO 发行类似，因此也被称为“小 IPO”。不同于现有的主流板块的 IPO 发行，精选层公开发行时，由于标的企业的规模相对偏小，较主流板块企业的风险高，发行成功的概率较其他主流板块小，更需要资本市场部的精心服务。此时，资本市场部必须根据发行人的实际情况，积极挖掘投资价值，然后凭借各自的客户资源储备，寻找适合的投资者；销售过程中，销售人员可以结合发行人自身基本面，主动向投资者进行推介；同时，资本市场部根据市场和投资者的反馈及时与发行人沟通，合理调整发行人预期，帮助发行人合理进行估值；发行过程中，资本市场部可以根据经验合理判断市场情况，寻找适时的发行窗口；资本市场部可以通过帮助发行人制作宣传材料、参与整个推介路演、协助发行人答疑等形式，始终陪伴发行人，帮助发行人更好地展示自身优势。

另外就是合理预测。由于新三板创新层的推出，未来以资本市场部为核心的投行业务联动，将给证券公司带来新的利润增长点。由于新三板企业普遍规模较小，在企业早期有融资和其他需求的情况下，资本市场部可以提早介入，深入了解企业及其所处行业，并以此为基础推荐投资者与企业深入沟通。一旦寻找到合适的优质企业，资本市场部可以发挥投资联动作用，为证券公司推荐 Pre - IPO 或其他形式的早期项目投资机会，从而实现企业券商双赢。

综上所述，本次新三板的改革和精选层的推出，从根本上打通了新三板企业从挂牌到上市的完整路径，也为证券公司多维度持续为新三板企业服务提供了新的思路，更是给了资本市场部一个展现自我价值的舞台。若本次改革的思路最终可以完整落地，在不久的将来，精选层的推出和其他措施的到位，必将推动新三板企业、证券公司和投资者实现共赢。

作者简介

梁　莉　经济学硕士，现任东北证券股份有限公司投资银行管理总部资本市场部总经理，董事总经理。曾就职于西南证券股份有限公司、方正证券股份有限公司与瑞信方正证券有限责任公司，历任资本市场部总经理助理、副总裁等职务。20年证券从业经历，主要从事股票和债券的发行与承销等投资银行业务，有丰富的资本市场经验。曾先后主持或参与上海电气、金地集团、兴业银行、交通银行、工商银行、顺网科技、世纪瑞尔、渤海轮渡、天保重工、跃岭股份、火炬电子、双杰电气、通宇通讯、阿波罗、德青源等多家公司的再融资、首次公开发行以及新三板发行承销工作以及江苏丰县城投、长沙通途、青岛滕建、江苏瀚瑞、靖江城投、青岛城投等数十家企业债和非公开债券的发行工作。

08

科创板IPO定价结果分析

——基于100家科创板IPO定价情况的梳理

郑 锋

一、科创板定价机制

1. 科创板制度背景

2018年11月5日，习近平总书记在首届中国国际进口博览会上宣布将在上海证券交易所设立科创板并试点注册制；2019年1月30日，中国证监会发布《关于在上海证券交易所设立科创板并试点注册制的实施意见》，对科创板的定位、注册制的试点进行整体宏观的把控，随后中国证监会、上海证券交易所、中国证券业协会相继出台了一系列科创板配套制度；2019年3月18日，随着上海证券交易所科创板审核系统进入运行状态，科创板正式面世。

科创板制度在搭建多层次资本市场架构、深化资本市场改革的背景下设立，是推动金融供给侧结构性改革、促进科技与资本深度融合及加强金融支持实体经济的制度创新。科创板新股的发行价格主要通过市场化方式决定，不受隐形的发行市盈率限制。科创板定价机制的改革，主要目的是价值回归和价值发现，为注册制的全面推行奠定基础。

2. 科创板 IPO 定价过程

科创板 IPO 取消了直接定价的方式，采用市场化的询价定价方式，并且打破了隐形的市盈率“天花板”。在初步询价开始前，主承销商需要基于公允、合理的估值方式独立出具投资价值研究报告（以下简称投价报告）并向网下投资者提供。网下投资者在询价前可以参考投价报告中的估值方式和区间，综合自身对企业价值的判断进行报价。

科创板 IPO 询价对象为证券公司、基金管理公司、信托公司、财务公司、保险公司、合格境外投资者和私募基金管理人 7 类专业机构投资者，并允许这些机构为其管理的不同配售对象填报不超过 3 档的拟申购价格。询价机制为市场上的供求双方提供了一个交流的平台，产生的发行价格即为投资者的需求和市场对该股票的期望价格。

发行人和主承销商根据初步询价结果剔除无效报价和最高报价后，综合考虑剩余报价及拟申购数量、发行人所处行业、市场情况、同行业上市公司估值水平、募集资金需求及承销风险等因素，并重点参照公募产品、社保基金、养老金、企业年金基金、保险资金和合格境外机构投资者资金等配售对象报价中位数和加权平均数的孰低值，最终确定发行价格。

针对科创板IPO定价过程中的不同环节，笔者将基于科创板前100家IPO定价情况，分别就网下投资者报价分布情况、发行价格较风险提示价格[①]差值情况和发行价格所处投价报告区间分位情况进行梳理。

二、科创板IPO发行价格现状分析

1. 网下投资者报价分布情况

科创板网下投资者的报价是发行人和主承销商确定发行价格的基础，本部分内容将通过对科创板前100家IPO的网下投资者

① 风险提示价格指根据《上海证券交易所科创板股票发行与承销实施办法》第九条规定的中位数、加权平均数的孰低值。

报价数据进行整理，分析科创板网下投资者报价的离散程度，并探究其是否存在一定趋势。

此处选用“变异系数”来衡量单个项目报价区间的离散程度，该指标可剔除项目发行价格量级差异对报价区间范围的影响，变异系数数值越高，网下投资者报价的离散程度较其他项目越高。指标的统计口径和公式为：

$$单个项目全部报价的变异系数 = \frac{全部报价的标准差}{全部报价的平均值}$$

$$单个项目有效报价^{①}的变异系数 = \frac{有效报价的标准差}{有效报价的平均值}$$

将每个项目全部报价和有效报价的变异系数按项目询价日期排序，具体情况如图 8 - 1 所示。

大多数项目全部报价的分布相对较分散，单个项目的全部报价变异系数未呈现明显的时间趋势。

进一步对单个项目有效报价的离散程度进行分析，从第一单科创板 IPO 询价日（2019 年 6 月 21 日）开始，在科创板运行初期（约 1 个月），项目有效报价的变异系数显著高于 100 个样本数据的中位数；随着科创板平稳运行，科创板 IPO 有效报价的变异系数越来越低，有效报价的价格区间越来越集中。从 2019 年 7

① 文中的有效报价指处于剔除价（高价）至发行价范围的报价，若无特别说明，后文所指相同。

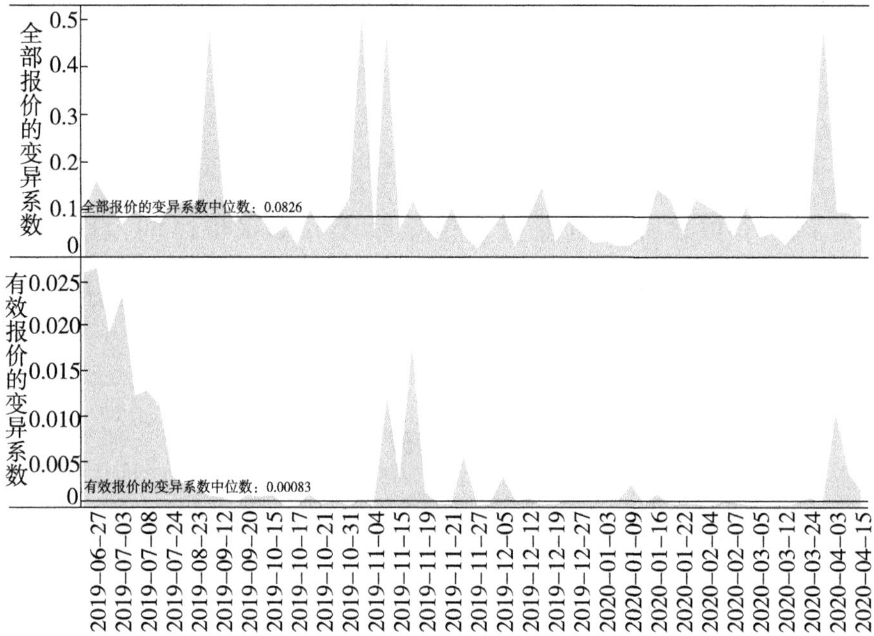

图 8-1　科创板前 100 家 IPO 报价的变异系数

资料来源：Wind，西部证券资本市场部。

月 26 日起，约 60% 的科创板 IPO 项目的有效报价的变异系数低于中位数，大多数项目的有效报价分布高度集中。

在此基础上统计有效报价个数[①]的情况，100 个样本中有效报价个数的分布如图 8-2 所示。

有效报价个数“小于或等于 5 个”占比 42%，“6～10 个”占比 16%，“11～20 个”占比 7%，“21～50 个”占比 12%，

① 有效报价个数指处于剔除价（高价）至发行价范围的报价数量。如有效报价范围内的价格有 9.5 元、9.4 元、9.3 元、9.1 元，则有效报价个数为 4 个。

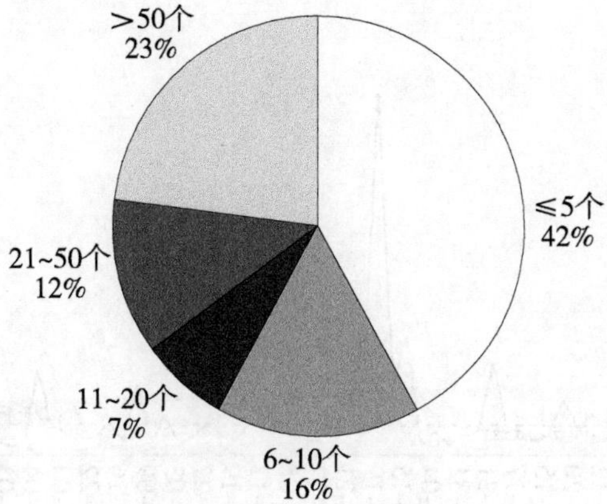

图 8－2　科创板前 100 家 IPO 有效报价个数的分布

资料来源：Wind，西部证券资本市场部。

“大于 50 个” 占比 23%。笔者认为，因投资者报价步长为 0.01 元，有效报价个数在 10 个以内，可认定项目的有效报价集中程度较高，通过图 8－2 可发现大多数项目的有效报价范围高度集中。

有效报价个数反映有效报价离散程度的绝对水平，未考虑因项目发行价格量级差异对报价区间分布的影响；有效报价的变异系数反映的是有效报价离散程度的相对水平。结合这两个指标，从图 8－3 中可以看出，有效报价个数的走势与有效报价的变异系数的走势高度吻合，除科创板运行初期、2019 年 11 月和 2020 年 4 月外，项目有效报价呈现较高的集中度。

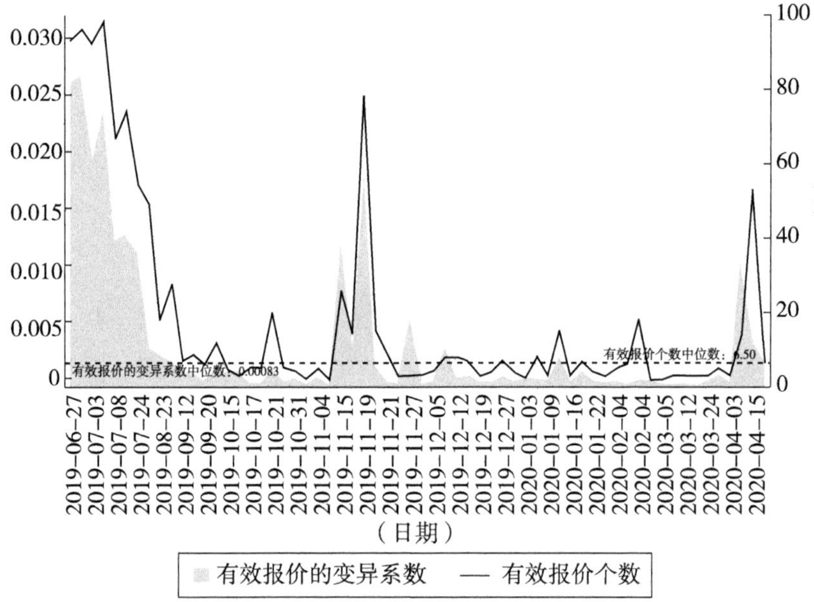

图 8－3　科创板前 100 家 IPO 有效报价的变异系数及有效报价个数

资料来源：Wind，西部证券资本市场部。

2. 发行价格较风险提示价格差值情况

根据法规要求，若发行价格超出网下投资者剔除最高报价部分后有效报价的中位数和加权平均数，以及公募产品、社保基金和养老金的报价中位数和加权平均数的孰低值，须披露《投资风险特别公告》并相应延后网上网下申购日期。

笔者对科创板前 100 家 IPO 项目的发行价格与风险提示价格的差值进行了整理，如图 8－4 所示。

在科创板运行初期，各家发行人与主承销商确定的发行价格较风险提示价格呈现较明显的差值，且各家项目差值差异较大；

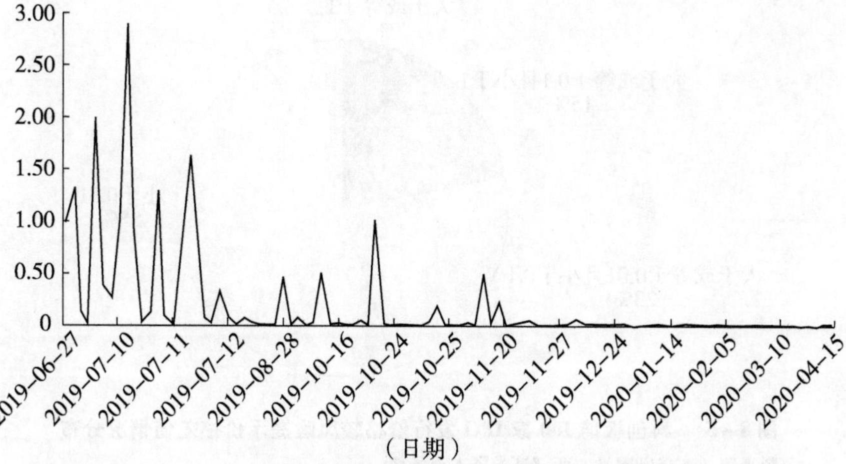

图 8-4　科创板前 100 家 IPO 的发行价格与风险提示价格差值

资料来源：上交所网站，西部证券资本市场部。

随着科创板平稳运行，大多数项目选择顶格确定发行价格，据统计已有不低于 55 家按照上述四个数值的孰低值顶格确定发行价格①；前 100 家项目中未出现发行价格超出上述四个数值孰低值的情况。进一步对发行价格较风险提示价格差值情况进行统计，呈现如图 8-5 的分布。

科创板前 100 家 IPO 中，发行价格较风险提示价格差值“小于 0.01”的占比 55%，“大于或等于 0.01 且小于 0.1”的占比 23%，“大于或等于 0.1 且小于 1”的占比 15%，“大于或等于 1”的占比 7%。

① 所有网下投资者有效报价的中位数和加权平均数，以及公募产品、社保基金和养老金的报价中位数和加权平均数小数点后保留四位，发行价格为小数点后保留两位，若发行价格较前述四个数据的孰低值差值小于 0.01，则为按照孰低值顶格确定发行价格。

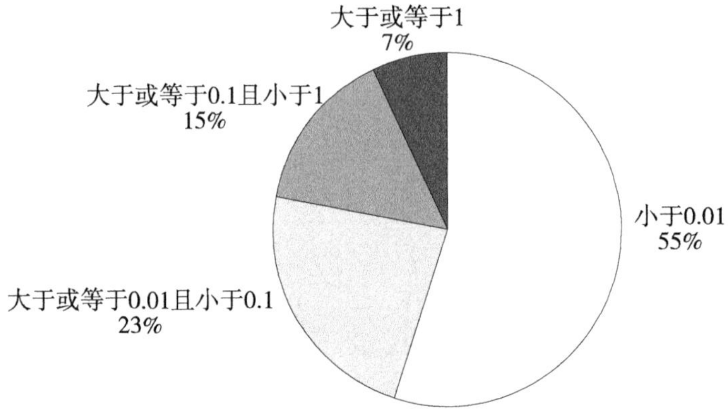

图8－5　科创板前100家IPO发行价格较风险提示价格差值情况分布

资料来源：上交所网站，西部证券资本市场部。

3. 发行价格所处投价报告区间分位情况

根据法规要求，主承销商应当向科创板首次公开发行股票的网下投资者提供投价报告。网下投资者的报价以投价报告为重要参考。

笔者对科创板前100家IPO发行价格和投价报告区间进行了统计，以分析发行价格所处投价报告区间分位的情况。由于投价报告属于未公开披露信息，本部分内容对投价报告中的每股价值区间进行了数据处理。

（1）发行价格所处投价报告区间分位情况。

假设：发行价格为X，投价报告区间下限为A，投价报告区间上限为B；

则：发行价格所处投价报告区间分位 $Y = (X-A)/(B-A)$。当发行价格低于投价报告区间下限时，该公式的值可为负值。

根据对科创板前 100 家 IPO 发行价格的分析，发行价格所处投价报告区间的分位在科创板运行前期存在一定波动的同时趋于稳定，后期开始明显呈现下降趋势（见图 8－6）。

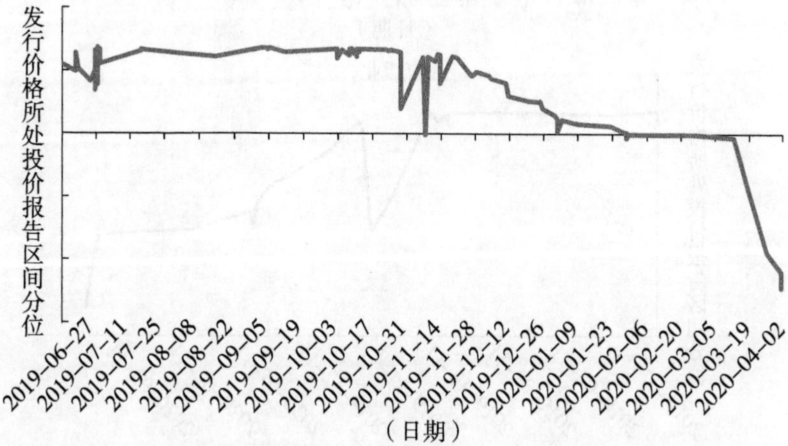

图 8－6　科创板前 100 家 IPO 发行价格所处投价报告区间分位趋势

资料来源：上交所网站，西部证券资本市场部。

按照 Wind 科创主题对科创板前 100 家 IPO 企业进行划分，包括新一代信息技术产业（45 家）、生物产业（25 家）、新材料产业（14 家）、高端装备制造产业（11 家）、节能环保产业（4 家）、相关服务业（1 家）。除相关服务业目前仅 1 家无法显示趋势外，对其余 5 个科创主题进行分类统计，发行价格所处投价报告区间分位趋势分别如图 8－7 所示。

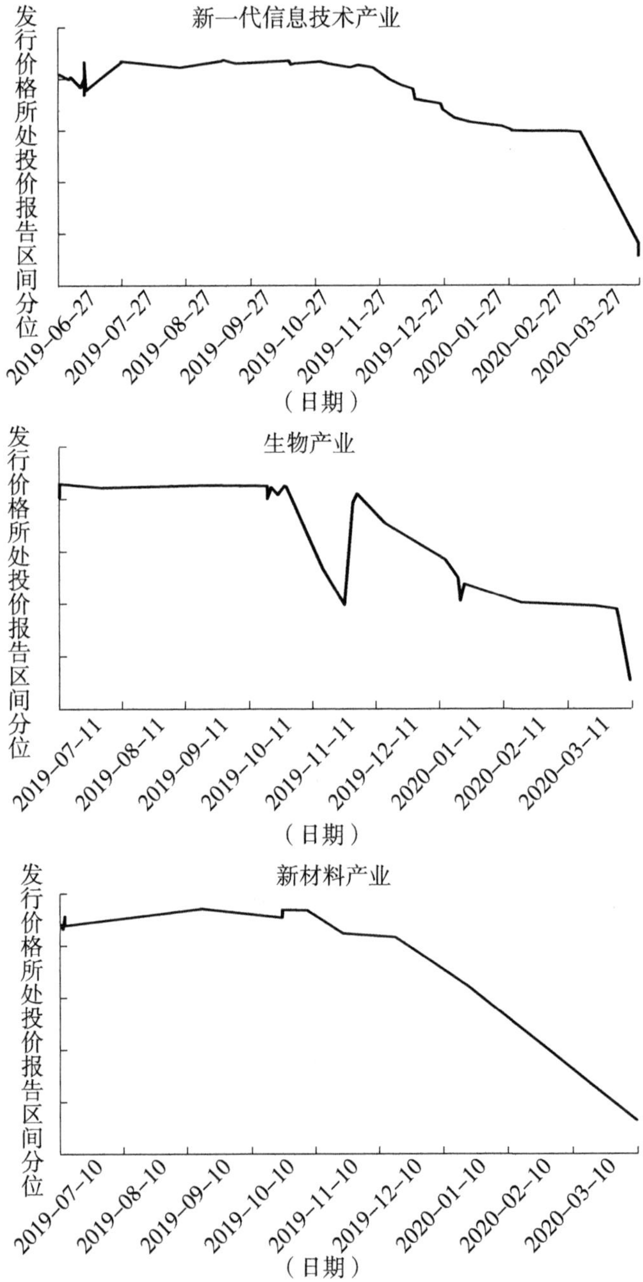

图 8－7　不同科创主题 IPO 发行价格所处投价报告区间分位趋势

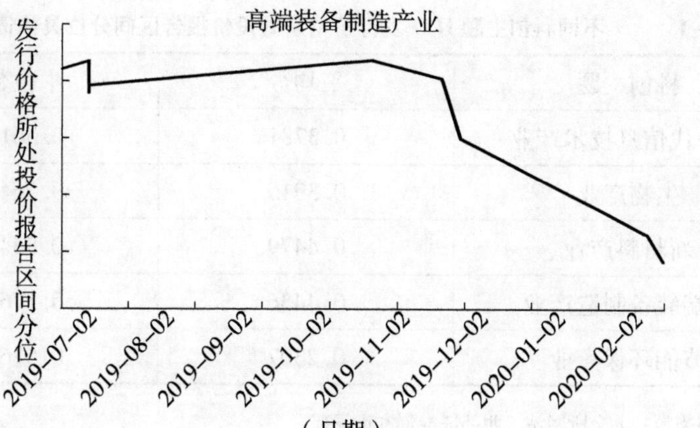

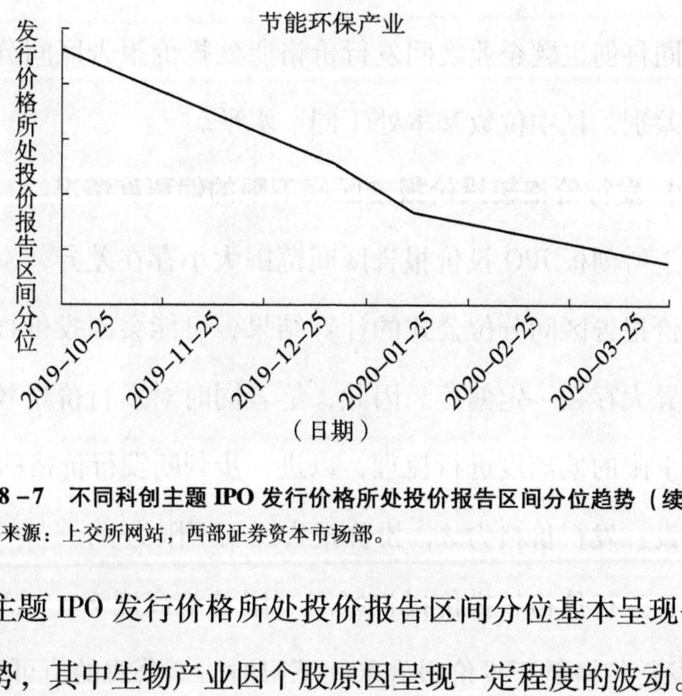

图 8-7　不同科创主题 IPO 发行价格所处投价报告区间分位趋势（续）

资料来源：上交所网站，西部证券资本市场部。

各科创主题 IPO 发行价格所处投价报告区间分位基本呈现一致的下行趋势，其中生物产业因个股原因呈现一定程度的波动。

为比较不同科创主题 IPO 发行价格所处投价报告区间分位之间的差异，笔者对不同科创主题 IPO 发行价格所处投价报告区间分位数值进行了计算，具体情况如表 8-1 所示。

表8-1　　不同科创主题IPO发行价格所处投价报告区间分位具体情况

科创主题	平均数	中位数
新一代信息技术产业	0.3781	0.5610
生物产业	0.3915	0.5642
新材料产业	0.4479	0.5544
高端装备制造产业	0.4436	0.5760
节能环保产业	0.2307	0.5769

资料来源：上交所网站，西部证券资本市场部。

不同科创主题企业之间发行价格所处投价报告区间分位不存在明显差别，且中位数基本处于同一水平。

（2）发行价格较投价报告区间下限的偏离度情况。

由于科创板IPO投价报告区间范围大小存在差异，发行价格所处投价报告区间分位公式的计算结果，可能会因投价报告区间范围差异大存在一定偏差。因此，笔者同时对发行价格较投价报告区间下限的偏离度进行梳理，以进一步判断发行价格的趋势。

假设：发行价格为X，投价报告区间下限为A；

则：发行价格较投价报告区间下限的偏离度$Z=(X-A)/A$，当发行价格低于投价报告区间下限时，该公式的值可为负值。

根据对科创板前100家IPO发行价格较投价报告区间下限偏离度的分析，发行价格较投价报告区间的偏离度波动较大，但在后期亦呈现了明显的下降趋势（见图8-8）。

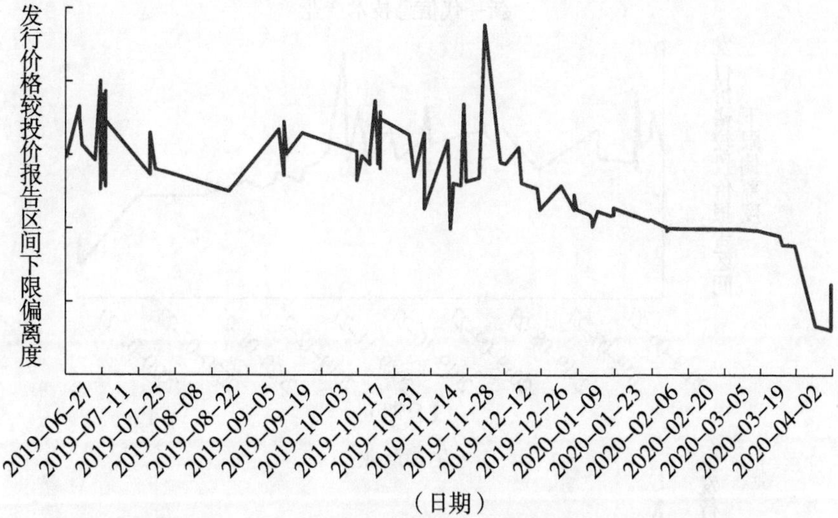

图 8-8　科创板前 100 家 IPO 发行价格较投价报告区间下限的偏离度趋势

资料来源：上交所网站，西部证券资本市场部。

新一代信息技术产业、生物产业、新材料产业、高端装备制造产业、节能环保产业 5 个科创主题 IPO 发行价格较投价报告区间下限的偏离幅度分类统计情况如图 8-9 所示。

各科创主题 IPO 发行价格较投价报告区间下限偏离度均呈现明显的下行趋势。

（3）趋势产生的原因。

结合发行价格所处投价报告区间的分位情况和发行价格较投价报告区间下限的偏离度情况，科创板 IPO 发行价格呈现出越来越接近投价报告区间下限或突破投价报告区间下限的趋势，可能的原因主要有以下几点。

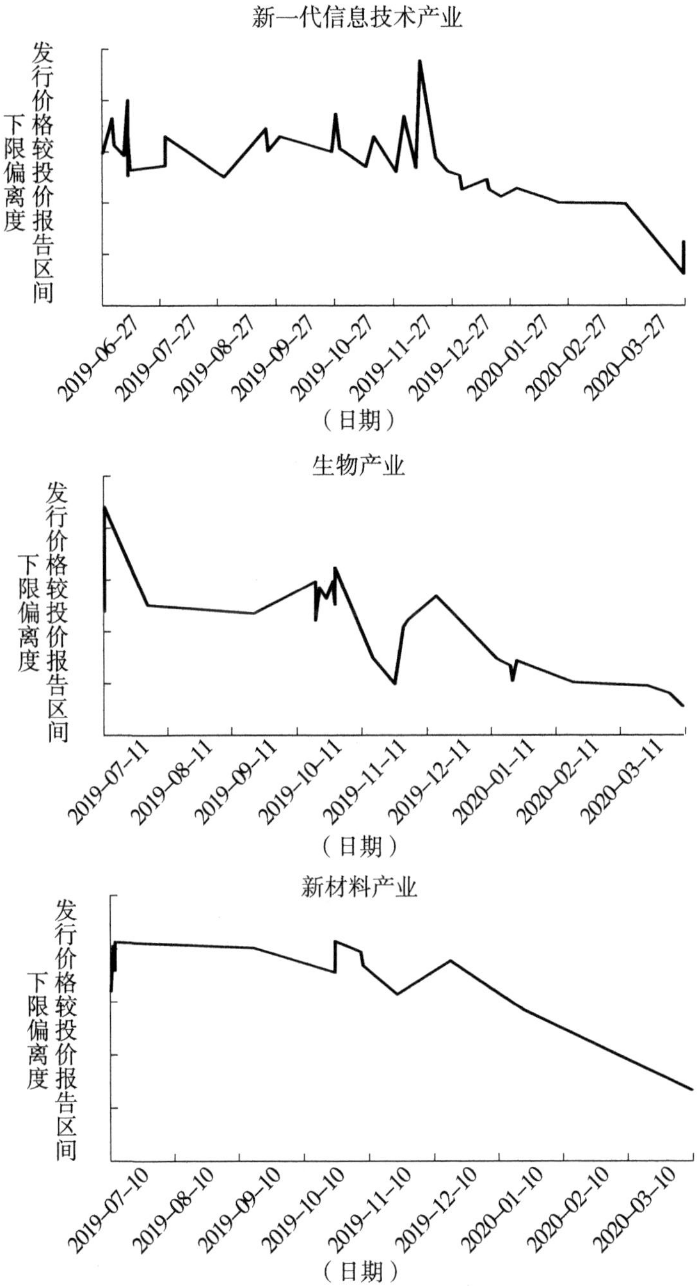

图8－9　不同科创主题IPO发行价格较投价报告区间下限偏离度趋势

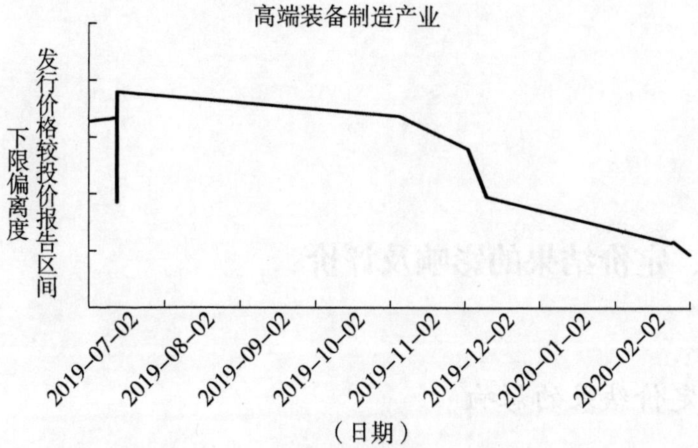

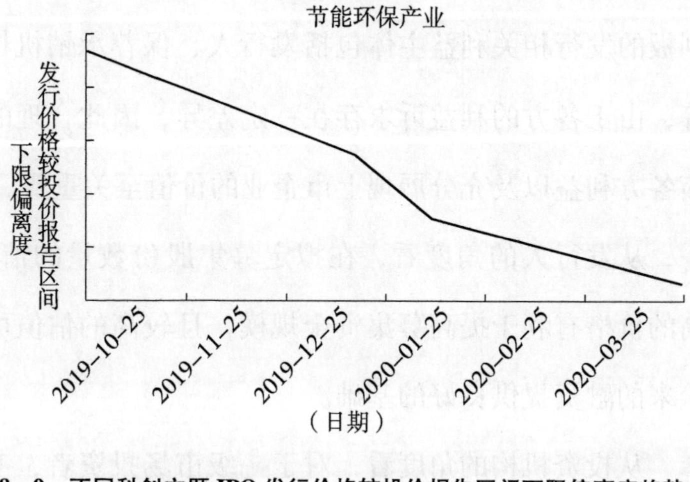

图 8-9　不同科创主题 IPO 发行价格较投价报告区间下限偏离度趋势（续）

资料来源：上交所网站，西部证券资本市场部。

第一，随着科创板 IPO 企业数量的不断增多，稀缺性降低，炒新氛围转淡，投资者定价逐步回归理性。

第二，科创板网下投资者的定价在投价报告区间基础上，逐渐融入价值投资理念，增加了对发行人的盈利能力、估值合理性和持续成长能力的关注和判断，新股询价的市场化程度进一步提高。

三、定价结果的影响及评价

1. 定价结果的影响

科创板的发行相关利益主体包括发行人、保荐承销机构、投资机构等，由于各方的利益诉求存在一定差异，因此合理的定价对于平衡各方利益以及充分展现上市企业的价值至关重要。

第一，从发行人的角度看，在拟定募集股份数量的情况下，相对较高的价格有利于提高募集资金规模，且较高的估值可以为发行人未来的融资提供良好的基础。

第二，从投资机构的角度看，对于一级市场投资者，考虑到目前科创板首日换手率均较高，网下无限售股的配售投资者首日即获配新股清仓的比率较高，相对较低的价格更有利于其扩大盈利所得；对于二级市场投资者，由于科创板上市前 5 个交易日没有涨跌停板限制，因此发行价格的合理性直接决定了上市首日表现。

第三，从保荐承销机构角度看，跟投子公司需要参与战略配售，给券商增加投资机会的同时实际上也形成内部制约。此外，保荐承销机构还需要出具投价报告，考虑到网下投资者在询价时会对投价报告的内容进行研判，如此需要券商投研部门的估值更为客观。

总之，科创板的相关利益主体较多，定价结果的影响也是多方面的。对于保荐承销机构来说，在综合考虑收入的同时，需要考虑市场对保荐承销机构的定价能力考量，这在一定程度上会影响后续项目的承揽与发行。

2. 如何评价定价结果

核准制下的 IPO 除新股发行价有隐形的市盈率“天花板”外，新股上市首日还设定了两档合计 44% 的涨幅限制，且在上市次日开始涨跌停板限制情况下，大多数均会触发连续涨停情形，新股上市后往往要经历从连续涨停到巨额换手后下跌再逐步稳定的过程，才能实现交易价格的稳定。

科创板 IPO 的交易机制有别于核准制下的 IPO 交易机制，新股上市前 5 个交易日不设涨跌幅限制，自第 6 个交易日起涨跌幅限制设为 20%，有利于新股充分换手尽快形成市场合理价格。上述交易机制下，在短期内可以充分换手达到价格的平衡，一定程度上反映了一级定价的合理性。

笔者对现有的98家科创板IPO上市后股价表现进行了统计（见图8－10）。

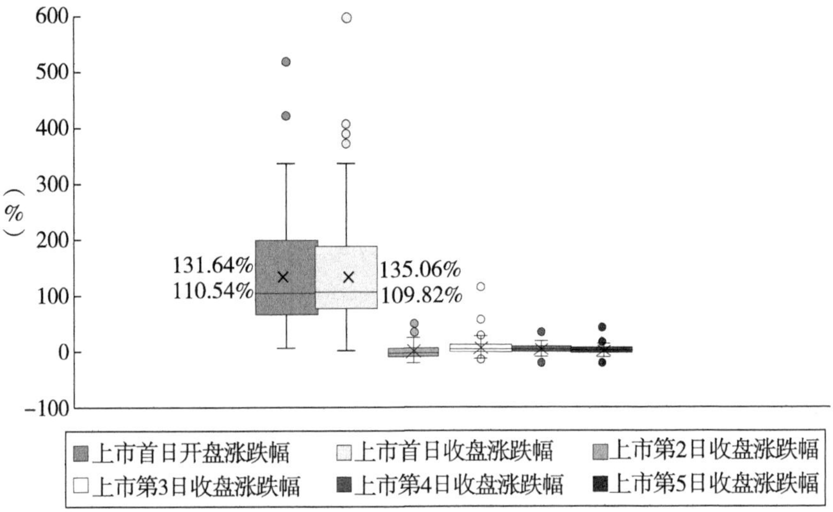

图8－10　科创板前98家IPO上市后表现

资料来源：Wind，西部证券资本市场部。

图中的箱体上下边界分别为统计区间的上四分位和下四分位，“×”与箱体内横线分别代表统计区间的平均数与中位数。上市首日开盘、收盘涨跌幅的平均值分别为131.64%和135.06%，中位数分别为110.54%和109.82%，上市后第2～5日的变动幅度较小。因此，可以认为一、二级市场的价差在上市首日已经得到了充分的释放，一级市场认购的科创板股票在上市首日卖出可获得较可观的收益。同时考虑到“$T+1$”的交易限制以及部分二级投资者利用筹码炒作的可能，从审慎的角度出发，新股上市后5个交易日的股价可大致反映二级市场对上市公司价值的认可情况。

3. 定价结果对跟投损益的影响

科创板 IPO 跟投制度设计的落脚点是推动保荐机构切实履行保荐责任，替市场投资者筛选优质的、具有良好发展前景的拟上市主体。从该理念出发，若保荐的科创板 IPO 企业具有较高的成长空间，在合理、公允定价的基础上，跟投股票限售解禁时，保荐机构也能分享企业的成长收益，因此本质上跟投损益与保荐项目的资质密切挂钩。此外，虽法规要求跟投股票须限售 24 个月，但是否继续持仓应从标的自身价值的角度判断，限售期满也并不意味着须立即退出，退出的时点应参考更多的因素。

作者简介

郑　锋　西部证券股份有限公司资本市场部总经理，曾在财通证券有限责任公司、银河基金管理有限公司任职。具有 15 年行业从业经验，长期从事国内股权、债权融资业务，先后负责 20 余个首发和再融资项目、数百只债券项目的发行承销工作。

09
一站式簿记发行，登飞为您保驾护航

李新春

上海登飞计算机科技有限公司（以下简称上海登飞）致力于股债网下发行信息化研究工作已10年有余，始终以义工的心态，立志为中国资本市场的网下发行信息化、智能化、一站式簿记做出应有贡献，始终不忘初心、牢记使命，急承销商之所急、想发行人之所想，以全面多方位服务好近4万家投资者、2家证券交易所、1家股转公司、1家登记结算公司、130家证券公司为最终目标（见图9－1）。

图9－1　业务体系

一、背景

随着近几年国内投行业务的稳步发展，除传统IPO业务外，科创板业务的快速发展、新三板精选层业务的推出、注册制改革的逐步推进等，都表明国内网下发行市场已进入一个全新的阶段。随着网下发行相关配套政策的调整，资本市场部在网下发行阶段的自主权利也发生了变化，由过去相对单纯的核查及发行配售服务，逐步转变为具有设置网下投资者条件、综合核查（关联方、适当性、反洗钱）、定价、配售等全方位业务能力的综合服务团队。

另外，券商间的业务竞争也越来越多，资本市场部的业务能力和客户服务，也成为发行人、网下投资者更加看重的方面。同时，监管要求也明确指出，券商应建立健全承销业务和决策机制，加强对定价、发行等环节的决策管理，明确具体操作规程，切实落实承销责任。

二、趋势

结合当前网下发行的时间安排及工作内容，在资料报备阶段须完成大量的资料审核及核查工作，在询价阶段须生成定价所需的报告及监管报表，在配售阶段须形成配售结果及披露报告等。在工作量、准确性、时效性等方面都对资本市场部的人员配备及经验提出了很高的要求。从近几年的行业情况来看，大量的券商已经或正在寻求通过信息技术来解决网下发行过程中的难点，为资本市场部网下发行各阶段的工作提供支持。另外，监管层面也越来越重视信息化在证券行业不同领域的应用，对券商在信息化建设方面的资金投入、技术人员配备都提出了明确要求，通过行业信息化建设的逐步深入，为科技金融的实现奠定基础。

三、应用

从目前资本市场部网下发行过程中的实际需求及问题来看，网下发行信息化建设的重点应用方向主要包括以下方面。

1. 合规簿记

从证券行业的特点来看，所有业务的开展都将建立在合规的基础上，网下发行工作也不例外，如何保证整个网下发行从投资者参与到资本市场核查配售等全业务过程都符合政策要求，是网下发行信息化工作的基准。系统业务过程需建立符合监管要求的业务规范控制体系，从投资者注册、信息填报、项目参与时间、资料完整性、网下询价、定价分析、资金划付（如有）、申购确认（如有）、发行配售等方面，保证业务过程符合政策规范（见图9－2）。

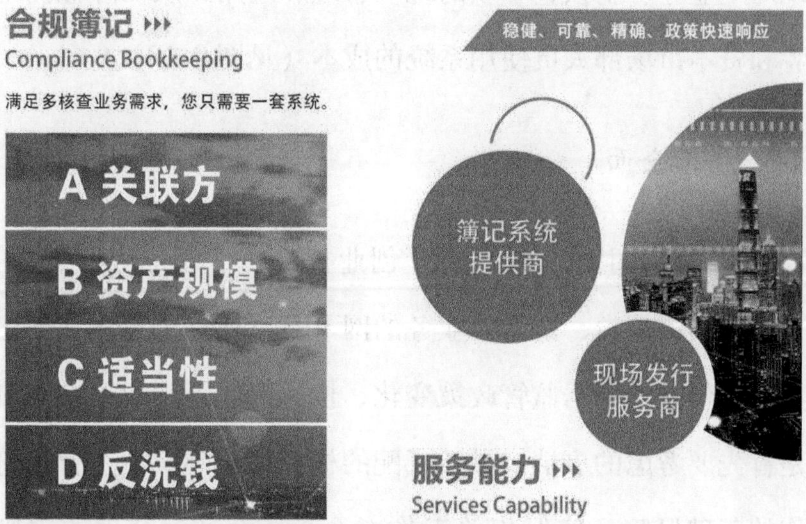

图9－2　合规簿记及服务能力

2. 一站式簿记

正如上面提到的，核查业务类型和核查事项的增加，导致网下核查工作变得更加烦琐，不管是针对网下投资者还是资本市场部人员，都希望通过简单、一体化的应用来满足差异化核查需求。网下投资者无须重复注册、填报信息等，资本市场部人员无须跨系统开展工作，所以一站式发行簿记将是必然趋势。最终通过一套应用体系，满足多业务、多核查及簿记配售的业务需求，将是网下发行信息化工作的整体框架目标。

一站式簿记的重点在于能够通过灵活配置，依托于一套系统实现对全业务、全核查事项的统一管理和应用，从而降低网下投资者和资本市场部人员使用系统的成本（见图9－3）。

3. 灵活全面

当前IPO（主板、科创板、创业板、中小板）、新三板精选层、可转债、债券、定增等业务的网下发行核查重点存在一定的差异，如何能够根据监管政策变化，快速响应不同业务的核查需求是首先要考虑的事情，灵活可配的核查规则是网下发行信息化工作的基础保障，确保相关工作在合规、合法、合理的规则下开展。

图 9-3　股债智慧簿记平台

核查规则主要包括核查事项规则、信息填报规则、核查逻辑规则、资料提交规则四方面，全面保障核查灵活性。

4. 规范严谨

从监管政策对券商网下发行的勤勉尽责、实质性核查等要求来看，资本市场部须按照监管要求对投资者信息完备性、合规性等进行管理，从而控制风险。投资者信息填写的准确性、符合性显得尤为重要。

通过信息系统线上信息填报、资料提交的处理方式能够更好地控制网下投资者信息及资料的规范性，以及业务参与过程的合规性（具备资格、符合政策、规范参与、合理申购），在保证数据一致性的基础上，通过业务控制，使数据采集更加准确，避免不必要的人为错误，辅助网下发行工作开展。

5. 高效准确

资本市场部人员不管是在投资者报备还是询价配售阶段，都要保证数据能够得到高效准确的处理，在有限的时间内完成网下投资者资料的核查、询价及资金数据处理等，并生成网下发行所需的合格投资者、配售结果等数据。

快速、准确、流畅的系统数据处理能力，是网下发行工作信息化支撑的基础。系统能够支持线上及线下数据处理，在保证处理速度的同时，为资本市场部的多方位数据核对提供方便。

四、分享

从目前的实际情况来看，网下发行是一个相对烦琐并体系化的工作，烦琐在于网下投资者对业务规则的不了解及存在系统使用问题，需要花费一定的时间提供支持；体系化在于必要的工作需要提前或及时处理，并且不能遗漏。下面将分享我司过往网下发行的支持经验，供大家参考（见图9-4）。

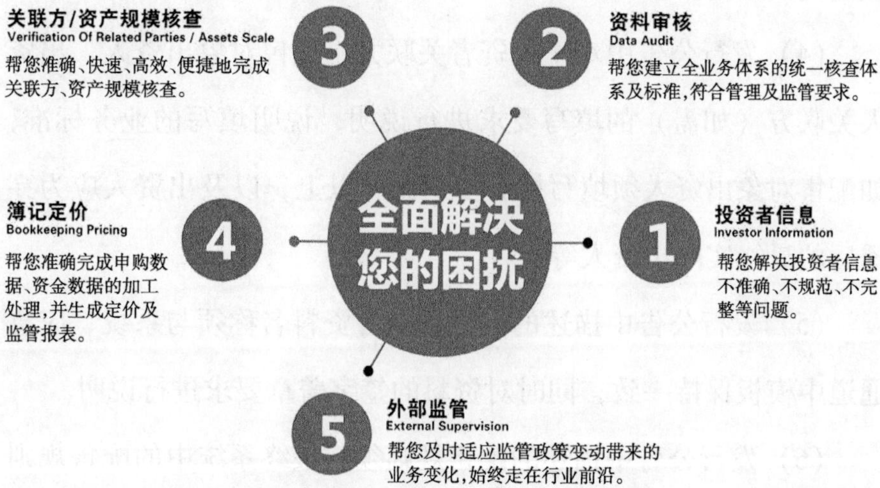

图9-4　上海登飞网下发行的支持经验

1. 发行公告

发行公告作为网下投资者参与项目的指引，需要在发行公告中针对参与项目的方式、途径及注意事项进行清晰说明，避免投资者大量的电话咨询。如通过系统网下发行重点须关注以下内容：

（1）根据券商是否有老系统，在发行公告中说明系统情况，若系统已更新，提示投资者重新注册系统。

（2）发行公告中提示投资者使用谷歌（chrome）浏览器。

（3）发行公告中网下投资者访问系统地址是否正确，确保地址超链接正确。

（4）发行公告中对于投资者关联方、配售对象出资人、出资人关联方（如需）的填写要求进行说明，说明填写的业务标准，如配售对象出资人须填写持有多少比例以上，以及出资人应为穿透后的最终实际出资人等。

（5）发行公告中描述的网下投资者资料名称须与系统、应急通道中模板保持一致，同时对资料的签字盖章要求进行说明。

（6）发行公告中描述的配售规则须与最终系统中的配售规则保持一致。

2. 系统注册

在网下投资者注册时，为保证网下投资者信息的规范，减少后续投资者信息的确认和审核工作量，可进行网下投资者基础信息（如证件号码、证件类型、名称）与协会备案信息的一致性校验。

通过网下投资者协会编码完成与协会数据的关联，从而完成信息自动确认，网下投资者须确保注册信息与协会备案一致。

3. 项目信息

在系统中创建网下发行项目信息时，须保证与发行公告中保持一致，如项目名称、项目发行场所、项目重要时间节点信息（资料提交截止时间、项目申购时间等）、项目核查事项、投资者注册审核规则等，确保投资者获取的项目信息准确。

4. 业务规则

在项目发行前，应该明确项目的业务处理规则，并在系统中针对业务规则进行确认及配置，保证业务规则符合监管、合规、管理等多方面需求，如出资人填写规则、关联方比对规则、短信提醒规则、人员权限规则等。

5. 时间校准

通过系统进行网下发行核查，需要投资者严格按照资料提交截止时间进行项目参与和资料提交，须在发行前进行系统时间校准，确保系统时间和国家标准时间同步，避免影响投资者参与项目。

6. 账号开通

在网下发行过程中，由于时间短、工作量大，须提前做好人员安排，不管是资本市场部内部人员还是外聘律师团队，都应明确并确认人员工作职责。若使用系统须在系统中提前开通账号，避免发行过程中账号混乱，不利于工作开展。

7. 出资人信息

投资者登录系统后到“我的账户”中，针对基金公司或其资产管理子公司一对多专户理财产品、基金公司或其资产管理子公司一对一专户理财产品、证券公司定向资产管理计划、证券公司集合资产管理计划、私募基金、保险机构资产管理产品、期货公司或其资产管理子公司一对一资产管理计划、期货公司或其资产管理子公司一对多资产管理计划、证券公司限额特定资产管理计划 9 类配售对象，在配售对象出资人中填写 5% 以上出资人。

8. 资料审核

在网下投资者报备的时间段内，通常需要在 2 天左右的时间内完成投资者资料审核，从实际情况来看在对网下投资者资料审核时，更多侧重于从投资者资料是否有效、是否签章等角度进行资料核查，对于资料（如私募基金备案函、关联方信息表、资产规模表等）的准确性往往需要投资者自身保证（签字、盖章确认），从而保证资本市场部人员资料审核的效率。

9. 关联方核查

按照监管要求对网下投资者进行关联方核查，从目前网下情况来看，由于关联方待核查信息数据量大，需要快速、准确地生成疑似关联方，并能够通过必要信息进行关联方最终确认。为提高关联方核查的效率，可在网下发行过程中依托于系统进行多批次的关联方比对和核查，并在最终生成合格投资者名单。

同时，在对疑似关联方数据进行核查时，针对公募类配售对象可进行特殊处理，默认其合格，从而减少关联方核查的数量，降低人员工作量。

10. 簿记配售

在簿记配售阶段，为进一步确认配售对象的资格，可基于协会数据进行二次的配售对象资格校验。在簿记过程中可按照规范的簿记数据处理流程（如配售对象校验、询价数据、定价报表、配售试算、申购确认数据、资金到账数据、配售结果、交易所数据）进行数据的加工、分析，从而规避过程混乱导致的人工失误，确保数据准确。

在配售计算过程中，在满足监管对于各类配售对象中签率要求的基础上，选择合适的数据保留方式，如向上取整、向下取整、四舍五入方式的合理组合选择，能够有效降低余股数据，保证配售结果的公平公正。

11. 协会基础数据

目前，从协会下载的最新数据中往往存在一些不可见的特殊符号或空格，给投资者基础信息校验造成影响，可由系统完成对协会数据的自动处理，去除特殊符号、空格，保证数据的准确性。另外，从过往情况来看，协会基础数据调整无通知机制，协会数据的变动，可能导致基础数据无法在信息系统中正常使用，建议可提前进行协会数据下载，确认协会数据格式和是否发生变化。

12. 系统检查

若采用系统开展网下发行工作，须在发行前对系统的基础运行环境进行确认，确保服务器的存储空间、服务器各应用节点、数据库索引、数据库存储等是否运行正常，确保网下发行时系统的稳定及性能。

五、展望

网下发行逐步应用信息化技术，在很多方面为资本市场部的网下发行工作带来了很大的便利，同时也存在一些暂时无法妥善处理的问题，但应用的深入、政策的不断完善及信息技术的发展，尤其是智能化、自动化技术的成熟，都将给网下发行工作带来更好的发展前景，网下发行繁杂的基础工作将变得更加简单，资本市场部人员能够更加专注于业务能力提升和行业研究，从事高附加值的工作（见图9－5）。

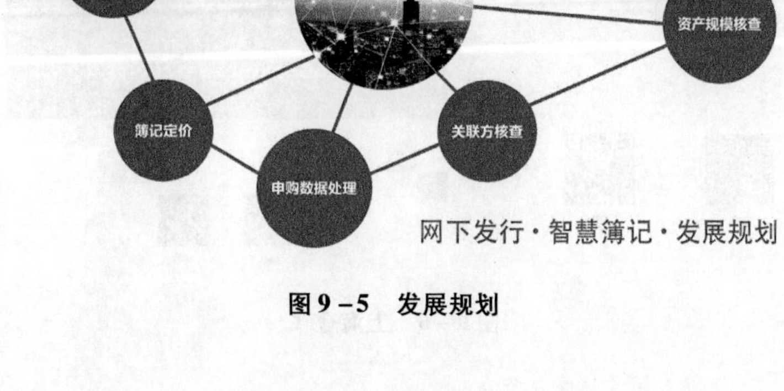

图9－5　发展规划

从未来网下簿记的信息化发展前景来看，可在以下方面进一步提升，从而逐步实现智能发行，包括但不限于公告、报表、核查、资产规模、询定竞价、配售、路演等。

上海登飞计算机科技有限公司

一、公司概况

上海登飞计算机科技有限公司成立于2002年7月，是一家以软件开发为主的专业系统集成商。公司坐落于上海市徐汇区肇嘉浜路（天钥桥路交叉口），地处上海繁华商业中心徐家汇核心地带。

图 9-6　上海登飞

我公司秉承“科技服务社会”的经营理念，致力于为用户提供软件开发、产品技术支持、软硬件系统集成、外包服务，面向金融证券行业（证券公司、期货公司、投资公司、资产管理公司）、政府行业提供专业化的服务。经过多年的不懈努力，在国内证券行业为超过40%的企业（近50家客户）提供信息化解决方案和服务。

我公司在高速发展的同时，潜心于技术研发和革新，目前我们在J2EE、原生开发、H5等多种开发平台上已有完整、成熟的解决方案，可以为用户提供个性化的服务。多年来，公司在金融证券的专业领域内得到了用户的大力肯定。随着公司规模、资产的迅速壮大，上海登飞始终坚持专业化发展的战略抉择，积极探索创新，逐步成长为集设计、开发、销售、系统集成、服务于一体的软件行业技术先进企业。

公司正以自身行动铸就自己的优质品牌，以优质服务回报社会，以创新科技创造未来。同时，公司倡导“以人为本”的管理理念，为员工提供良好的工作环境、宽松的工作氛围、充分的培训机会以及广阔的发展空间，我们期望与员工一起成长、收获成功，共创辉煌的明天！

公司的目标是把上海登飞发展成为具有竞争力的又精又专的创新型软件服务企业。

图 9-7　公司简介

二、产品线与核心产品

1. 产品线

我公司是一家致力于证券行业信息化建设的专业公司，公司的产品线主要涵盖证券企业的相关管理类应用需求。

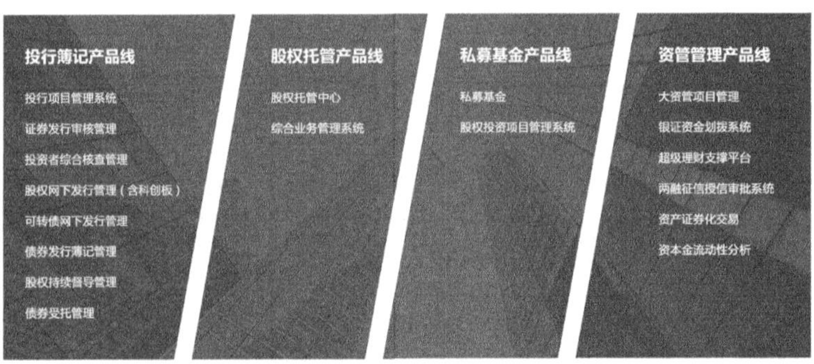

图 9-8　产品线

2. 核心产品

公司在为客户提供全面解决方案的同时，制定了核心发展战略，也形成了公司一系列最具竞争力的核心产品，力争为客户提供行业领先的解决方案。

经过在证券行业信息化领域的不断努力，公司积累了大量的宝贵经验，尤其是在大投行业务项目管理平台（含新三板）、投资者综合核查、股权簿记（IPO 主板、IPO 科创板、IPO 创业板、IPO 中小板、定增、可转债、新三板精选层）、债券网下簿记、大资管核心业务管理、私募基金股权投资平台、地方股权项目管理平台、移动应用平台（含企业私有微信）等核心产品线经验丰富。我公司将围绕核心产品积极做好市场推广和产品规划，坚持可持续发展的路线，打造集设计、开发、销售、系统集成、服务于一体的软件行业先进服务型企业。

三、产品历程

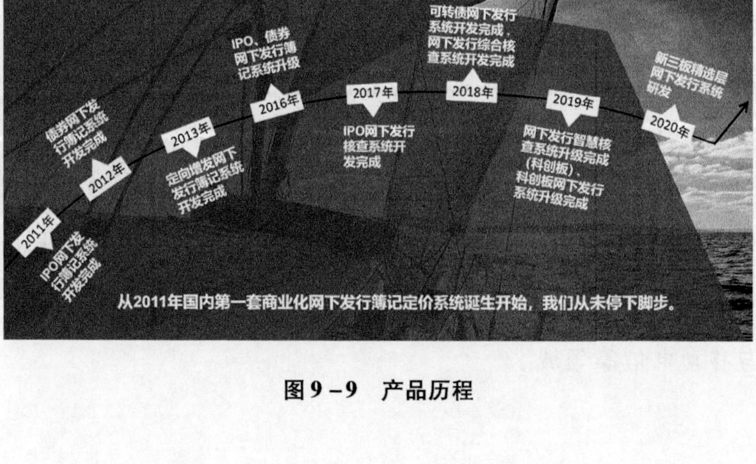

图 9－9　产品历程

公司立志打造国内一流的簿记发行软件，始终走在行业前沿，以智能化的信息化手段做好中国资本市场的发行服务工作。

四、支持经验

图9－10　支持经验

作者简介

李新春　上海登飞计算机科技有限公司总经理，带领团队从事大投行闭环业务线管理系统18年，其中从事股债网下发行簿记研发近7年；协助配合券商成功发行了多只IPO、可转债、定增及债券，也积累了一定的与投资者、券商、交易所、协会互动的经验。曾在原信息产业部三十二所、外资企业工作，长期服务于金融证券领域、金融银行领域与移动电信等领域。

10
论坛十年

董 伊

虽然我在中国资本市场论坛的嘉宾中资历不算深厚，但和中国资本市场论坛的缘分的确不浅。

第一次随程总参加的，是在太湖之滨举办的第三届中国资本市场论坛。与时我在瑞银证券就职分析员，首次有机会接触资深同行，聆听业内灼见，对于程总在指导项目、带领团队之余的这另外一番事业感到惊喜万分，直至深夜会散方舍得回到房间继续赶制项目材料。当年，QFII 额度还仅有 800 亿美元，当届论坛上分享的中国交建 IPO 案例是 IPO 实施询价制度以来的历史首例主承销商包销。经历了 2011 年的 A 股 IPO 破发潮，证监会发布了《关于进一步深化新股发行体制改革的指导意见》，将向网下投资者配售的股份比例提高至不低于发行规模的 50%，提出 IPO 发行价格高于同行业上市公司平均市盈率 25% 的发行人可能被监管重点关注。同年11月，浙江世宝创下A股IPO最低市盈率倍数记录，随后A股IPO第8次停摆，800余家拟上市企业排队待审。

2013年，A股IPO全年停发，6月市场钱荒来袭，上证综指一度探底1849点。第五届中国资本市场论坛在烟台举行，整个市场盼望着“改革再出发”，对境外成熟资本市场的分析借鉴，以及对于A股市场改革的争论贯穿当期论坛始终，并几乎持续了一年。11月，证监会发布《关于进一步推进新股发行体制改革的意见》，前所未有地引入承销商自主配售机制，允许其在事先公布配售原则的前提下，在有效报价投资者中自主选择投资者进行配售，同时网下获配对象大幅减少至一般不得多于40家。

2014年1月8日，A股IPO时隔一年多后重启；3月，优先股试点管理办法出台；4月，沪港通机制设立，并在当年11月正式启动。当年在贵阳举行的第六届中国资本市场论坛，从新股发行的二次重启，到中国银行的首个优先股案例，再到逐渐回暖的市场信心，各类讨论如火如荼。12月5日，沪深两市历史首次单日成交超过万亿元；定增市场顺势崛起，财通基金打出著名标语：A股定增头等舱。当年，A股IPO开启23倍市盈率时代，新股上市开始出现连续涨停板，并在新的回拨机制下，开始将90%的新股配售给网上投资者。

2015年，A股从年初高歌猛进至5178点，到年中断崖暴跌至2850点，在一年内经历了65个交易日飙升56%和52个交易日俯冲43%的跌宕。7月，当第七届中国资本市场论坛在广西北海开幕时，A股IPO遭遇了史上第9次暂停，“国家队”火速入场救市，整个市场在回环盘整中摸索方向。11月6日，随着市场情绪的逐渐平复，证监会提出了进一步改革完善新股发行制度的政策措施，再次重启IPO，取消预缴款机制，A股IPO申购进入免费时代；小盘股发行一律取消询价环节，直接全部向网上投资者定价发行，散户申购力量进一步被激活。当年，QFII额度被提高至1500亿美元。

2016年，英国脱欧公投、美国大选，国际市场大起大落，而A股尚在国际化的起点，艰难申请入摩；特朗普当选让美股三大期指两次熔断，却给A股带来有限的波澜；还有川大智胜(002253. SZ)的意外跳升。8月，第八届中国资本市场论坛在上海召开，大家一直惦念的春晖总再度出席。12月，深港通正式启动，中国资本市场的对外开放再进一步。

2017年，A股IPO发行开始实现常态化，年内总计430余家公司登陆A股，“堰塞湖”问题缓解。然而配套IPO高潮到来的，是“再融资新规”和“减持新规”的大幅收紧，一定程度上缓解了资金压力，但也导致了再融资市场的收缩和机构力量的削弱。6月，各位资本市场同行再次集聚在上海，定增销售工作的挑战成为当年的讨论焦点。6 月 21 日，A 股终于被批准纳入 MSCI 中国指数[①]和新兴市场指数，更多境外投资者的目光开始投向 A 股市场。

2018 年是 A 股市场总体国际化步伐加快的一年，首单 D 股发行落实、沪伦通提上日程，A 股从 6 月起正式被纳入 MSCI 新兴市场指数。极为遗憾的是，我由于搬到香港工作，未能有机会参加第十届论坛，再次与我喜爱、敬重的各位同行相聚。虽然我将更多的时间投入到了境外项目的执行中，但也有幸参与了第一单沪伦通项目的执行，算是在工作地点转移之后继续了之前在境内配合上交所和伦交所的工作，见证了 A 股市场和上市公司与国际市场的进一步接轨。

2019 年 6 月 13 日，科创板正式开板；6 月 17 日，沪伦通通车；9 月，国家外管局取消 QFII/RQFII 的投资额度限制。新的制度探索和更大尺度的对外开放，使 A 股市场再度吸引了大量国际机构的目光。经历了对新机制一段时间的适应，A 股投资者逐步展现出从分位博弈向理性价值判断的转变，过去几年长期未见的个别破发现象虽然带来阵痛，却也是市场化的迹象。

随着外资机构和客户对于中国市场的关注和投入逐渐增加，

① 摩根士丹利国际资本公司编制的跟踪中国概念股票表现的指数。

我参与了摩根大通证券（中国）有限公司的筹建，并再度将工作地点搬回内地，再次回归程总一直维护的“资本家”大家庭，回归自己熟悉的A股市场。如今回首，程总创立中国资本市场论坛、为全国各地的同行组织这个宝贵的平台，已经十年有余，我和各位热爱这个行业的同人一起，借助这个平台交流过无数的案例，激发了太多的想法和思考，通过每年一届的论坛，通过与程总和各位前辈搭建起的沟通渠道，我们绘出了十年间A股资本市场的一次次波澜和改革的全景图像，也实现了与来自各个监管部门的嘉宾的畅快交流，为A股资本市场的改革与成熟贡献了力量。作为这个平台的一员，我从各位前辈身上学习，汲取了大量的营养，并且越发坚信，尽管变化频繁，A股市场始终拥有自己的逻辑，始终发挥着作用。这与世界其他地区的资本市场并无不同，都是在各自的背景条件下，自然地演变出相对的优势和短板。作为资本市场的从业人员，我们所要做的，是抱着敬畏市场的态度，通过深入客观地了解各个市场的特性，从服务对象的角度出发，协助其做出最全面的考虑和最适合他们的选择，做好资源的配置者。

本文完成的日子，正巧是我加入瑞银证券、进入资本市场领域十周年的日子。在这过去的十年中，程总给予了我大量指导和关照，令我受益匪浅。除了对于这份情谊、这段重要经历深感幸运以外，我也要祝贺程总选择了以更广阔、多元的方式发挥她在中国资本市场领域的影响力和号召力，并无比期待未来在全新的层面获得启迪。

作者简介

董　伊　毕业于清华大学经济管理学院，获得管理学学士学位。2010 年加入瑞银证券资本市场部，2018 年至今就职于摩根大通，现任摩根大通证券（中国）股票资本市场部负责人，执行董事。具有丰富的境内外股票及股权挂钩产品融资经验，服务的客户包含多家大型中国国有企业以及知名民企。